浙江省高职院校“十四五”重点立项建设教材

新编21世纪
高等职业教育精品教材
旅游大类

旅游市场营销

主编 刘晖

中国人民大学出版社
·北京·

图书在版编目（CIP）数据

旅游市场营销 / 刘晖主编. -- 北京 : 中国人民大学出版社，2024.4

新编 21 世纪高等职业教育精品教材. 旅游大类

ISBN 978-7-300-32377-0

Ⅰ. ①旅… Ⅱ. ①刘… Ⅲ. ①旅游市场－市场营销学－高等职业教育－教材 Ⅳ. ① F590.82

中国国家版本馆 CIP 数据核字（2023）第 227190 号

浙江省高职院校“十四五”重点立项建设教材

新编 21 世纪高等职业教育精品教材 · 旅游大类

旅游市场营销

主　编　刘　晖

Lüyou Shichang Yingxiao

出版发行	中国人民大学出版社		
社　　址	北京中关村大街 31 号	邮政编码	100080
电　　话	010－62511242（总编室）		010－62511770（质管部）
	010－82501766（邮购部）		010－62514148（门市部）
	010－62515195（发行公司）		010－62515275（盗版举报）
网　　址	http://www.crup.com.cn		
经　　销	新华书店		
印　　刷	中煤（北京）印务有限公司		
开　　本	787 mm × 1092 mm　1/16	版　　次	2024 年 4 月第 1 版
印　　张	13	印　　次	2024 年 4 月第 1 次印刷
字　　数	285 000	定　　价	43.00 元

前言

PREFACE

旅游市场营销是旅游企业适应市场竞争、维持自身生存和发展的基础。营销类岗位也一直是旅游企业的主要招聘岗位。数字化时代，旅游企业的市场营销由传统转向数字，线上线下整合营销已是大势所趋。旅游市场的主体消费人群发生了很大的变化，旅游业态也出现了新的调整。这些都对旅游营销者的营销理念、营销能力提出了新的要求。为了更好地适应当下旅游企业营销类岗位的职业发展需求，特编写了本教材。

本教材是浙江省高职院校“十四五”重点立项建设教材。教材的编写跳出了传统旅游市场营销教材的框架结构，以旅游市场营销典型职业活动“旅游营销计划的制订与执行”的工作过程为逻辑主线，将数字时代旅游营销人员需掌握的市场营销的基础知识、职业技能分解、归纳到每个项目的每个任务环节中，以“旅游营销计划的制订与执行”串起教材的整个逻辑体系。教材按照旅游营销计划制订与执行的全流程需要，分为七个项目，按照“认识营销—找准客户—开展调研—制订计划—打造产品—精选策略—线上营销”的顺序层层铺垫、逻辑递进，打造了本教材独有的编写体例和教学设计。本教材以项目为引领，设置了“项目导读”“学习目标”“思维导图”“任务准备”“任务实施”“任务实训”“考核评价”“任务拓展”等板块，体现了循序渐进、有的放矢的教学特色，有利于引导学生进行自主学习。

教材的编写主要围绕以下四个问题展开：

一是“旅游市场营销”到底要教什么？教学相宜的前提是切中用户需求。很多旅游企业知道营销很重要，可不知道怎么营销。一些旅游企业的营销人员包括经营者甚至连一份营销计划都不会写，如在浙江省旅行社品质评定时，很难看到一份符合要求的营销计划，管理品质一项经常因此失分，营销品质也有待提升。所以本教材在编排时着力于打造为契合旅游企业营销类岗位需求的旅游营销计划全流程执行手册。

二是可不可以用“新媒体营销”代替“旅游市场营销”？随着新媒体的兴起，是不是可以用“新媒体营销”代替“旅游市场营销”？答案是否定的。新媒体营销只是通过新媒体这种渠道开展的营销活动，仅是旅游市场营销的一种营销策略，对于旅游营销者和从业人员而言，“旅游市场营销”所讲授的基础理论是从事新媒体营销所必备的知识；对于企业而言，有效营销的前提是制订营销计划，而这需要系统学习旅游市场营销的相关理论与知识。

三是怎样编写“旅游市场营销”的新形态一体化教材？新形态一体化教材的优势在于可以更好地适应移动时代的阅读习惯，加强互动，整合资源。但如果我们不改变教材编写的逻辑起点，还是“我教什么你学什么”，那么所谓的新形态一体化教材也不过是传统教材上多了几个二维码。新形态一体化教材的编写应是以“用户需求”为逻辑起点的——旅游营销者需要具备怎样的营销思维，掌握哪些基础知识，具备哪些职业能力，培养哪些职业素养？怎样编写更方便旅游营销者使用（学习）？这些是我们在教材编写时尝试回答和解决的。

四是怎样在“旅游市场营销”课程中实现“思政育人”目标？习近平总书记在党的二十大报告中指出：“育人的根本在于立德。全面贯彻党的教育方针，落实立德树人根本任务，培养德智体美劳全面发展的社会主义建设者和接班人。”这是教材编写的基本原则。忠诚于党的教育事业是开展教育工作的关键，这不仅体现在教师的日常行动上，更体现在教材内容的设计上。本教材根据旅游市场营销的职业活动特点，将党的二十大精神融入教材内容中。

在此基础上，本教材形成了以下特点：

1. 政治性。教材编写符合国家方针政策，将课程思政元素与专业教学内容融为一体，“思政育人”目标贯穿教材始终。

2. 职业性。教材编写符合就业导向需求，以职业岗位的典型工作任务及职业能力需求为起点，设计项目和任务，理论讲解简单实用，任务实训侧重实务，易于学习。知识点与专业课程要求切合度高，适用性强。

3. 先进性。教材编写内容客观，资料数据可靠，内容设计与行业发展相衔接。在科学性的基础上，注重新需求、新技术、新思维、新能力，强调对学习者的前瞻性指引。

4. 创新性。在充分吸收以往旅游市场营销教材的有益内容的同时，采纳了大量旅游行业、企业专家、学者的真知灼见，并结合多年的教学实践，形成了本教材的编写体系。同时，本教材充分体现新形态应用，读者扫描教材中的二维码可观看对应资源，体验立体化阅读。

本教材由刘晖博士担任主编，负责整本教材的大纲设计与制定，以及统稿、定稿和修改完善。具体编写分工如下：项目一、项目二、项目三、项目四、项目五中的任务一和任务四、项目六由刘晖（浙江旅游职业学院）编写，项目五中的任务二由韩德琼（浙江旅游职业学院）编写，项目五中的任务三由侯晓宇（浙江旅游职业学院）编写，项目七中的任务一和任务二由张小亚（杭州科技职业技术学院）和徐汗青（浙江旅游职业学院）共同编写，项目七中的任务三由徐立娣（杭州科技职业技术学院）和徐汗青（浙江旅游职业学院）共同编写。

本教材在编写过程中，不仅得到了浙江省旅行社品质评定委员会、杭州市旅行社协会、杭州市休闲发展促进会、浙江新世界国际旅游股份有限公司、杭州远景国际旅行社有限公司、上海携程旅游学院、杭州携程国际旅行社有限公司等单位的大力支持，还吸收借鉴了相关研究成果，参阅了大量研究报告，在此一并表示感谢。

由于编者的水平有限，教材还有很多不足之处，敬请各位专家、读者批评指正。

刘晖

目录 CONTENTS

项目一

认识营销

项目导读

现代管理学专家彼得·德鲁克（Peter Drucker）认为企业的职能只有两个：一是营销，创造用户；二是创新。而创新的根本目的就是挖掘新的需求。两个职能最终都是为了创造和获得用户价值，帮助企业赢得利润。本项目作为全书的知识基础，旨在引导学生认知营销，并激发学生对旅游市场营销的兴趣，理解市场营销理念，树立正确的营销环境意识，学会使用战略思维和历史思维分析与预测市场营销环境的变化及发展趋势。

学习目标

1. 了解市场营销的定义、经营思想的演进及旅游市场营销的发展趋势。
2. 理解旅游市场营销环境的概念、特点及旅游市场宏观环境与微观环境的内容。

思维导图

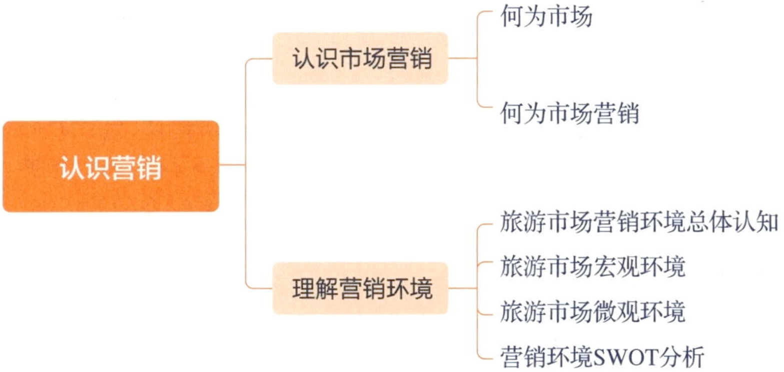

任务一 认识市场营销

任务准备

一、何为市场

（一）市场的概念

从市场营销的角度看，卖方构成行业，而买方则构成市场。美国经济学教授菲利普·科特勒（Philip Kotler）提出，市场是可能与卖者交易的现实的和潜在的买者所构成的集合。市场的大小取决于人口、购买力和购买欲望三个要素，市场 = 人口 + 购买力 + 购买欲望，见图 1－1。

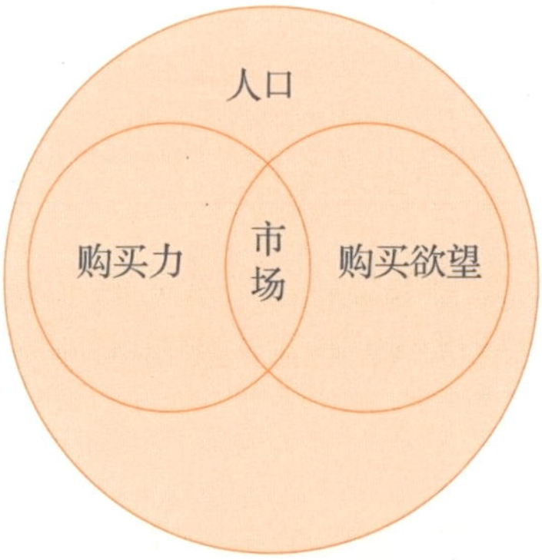

图 1－1 市场示意图

（二）旅游市场的概念和影响因素

学习微平台
延伸阅读 1-1
市场概念的四种解读

学习微平台
延伸阅读 1-2
人均 GDP 和旅游需求、旅游形态及出行方式的关系

从市场营销的角度看，旅游市场是指一定时期在某一地区存在的对旅游产品具有支付能力的现实的和潜在的购买者。

影响旅游市场的主要因素有：人口、购买力、购买欲望。其中任何一个因素的条件无法满足，都可能导致旅游市场无法形成。如改革开放前，中国虽然也有庞大的人口基数，但生活水平较低，老百姓就算想旅游，也难以成行，物质文化发展成为开发旅游市场的前提；现在中国特色社会主义进入新时代，以更平衡更充分的发展满足人民日益增长的美好生活需要，则成为当下开拓旅游市场的关键。

（三）旅游市场的类型及特点

1. 旅游市场的类型

根据旅游经营的需要，旅游市场可以分为不同类型，具体见表 1－1。

表 1－1 旅游市场的分类

划分标准	旅游市场类型
国境	国际旅游市场、国内旅游市场
地域	欧洲市场、美洲市场、东南亚及太平洋市场、南亚市场、中东市场、非洲市场等
空间位置	近程旅游市场、中程旅游市场、远程旅游市场
购买形式	团体旅游市场、散客旅游市场
年龄	老年旅游市场、中年旅游市场、青年旅游市场、儿童旅游市场
性别	男性旅游市场、女性旅游市场
经济支付能力	高档旅游市场、中档旅游市场、经济档旅游市场
旅游活动类型	观光旅游市场、度假旅游市场、会议旅游市场、购物旅游市场、体育旅游市场、探险旅游市场、科学考察旅游市场等
旅游接待量	一级市场、二级市场、机会市场
旅游季节	旺季旅游市场、平季旅游市场、淡季旅游市场
购买者	组织市场、消费者市场

其中要特别说明的是组织市场。组织市场是指企业、政府和机构为了消费使用或者再销售等而在国内市场或国际市场购买产品或服务所构成的市场。组织市场是所有旅游市场中最大的市场，其交易额远超消费者市场。很多旅游企业的大单生意和营业收入就主要来自组织市场。组织市场中的用户通常又称为组织购买者。组织市场与消费者市场在某种程度上类似，两者都涉及为满足需要而承担购买者和决策者的角色。但是，两者在很多方面也存在着区别，具体见表 1－2。

表 1－2 组织市场和消费者市场的区别

比较项目	组织市场	消费者市场
购买目的	非个人消费的其他用途	为个人或家庭消费
购买主体	购买者数量少而集中	消费者数量多而分散
购买金额	金额大而交易次数少	金额小而交易频繁
供需关系	买卖双方关系密切	一般关系不紧密
需求特点	衍生需求，弹性较小	原生需求，弹性较大
波动性	受宏观环境影响波动大	受宏观环境影响波动小
购买行为	多人参与决策、专业购买、比较理性	非专业购买、可诱导、易冲动
渠道特点	技术复杂的大型商品不经过中间商	往往通过中间商购买
风险成本	多数购买是低风险、低成本的	多数购买是高风险、高成本的
购买对象	多为材料和部件、资本项目、服务等	一般为便利品、选购品、特殊品、非渴求品

资料来源：屈冠银．市场营销理论与实训教程［M］．3 版．北京：机械工业出版社，2019：76.

2. 旅游市场的特点

旅游市场的特点主要表现为波动性、异地性、多样性、全球性、高度竞争性，见图 1-2。

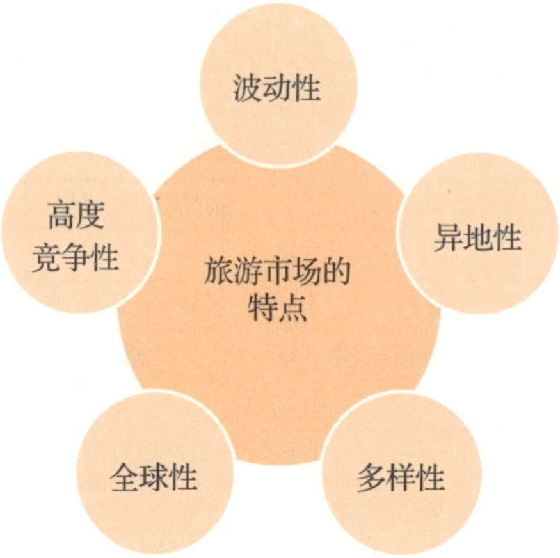

图 1-2 旅游市场的五大特点

（1）波动性。

旅游需求受外部环境的影响十分明显，许多自然、政治、经济和社会的因素都可能对旅游需求及旅游消费结构产生很大的影响，使旅游市场在某一特定时期或地区内产生很大的波动。旅游市场的季节性，也增加了旅游经营的不稳定性。旅游市场的波动性主要体现为：1）旅游目的地与气候有关的旅游资源在不同季节的使用价值有所不同；2）旅游目的地的气候本身会影响游客的旅游活动；3）旅游者闲暇时间分布不均衡，这也是造成旅游市场淡旺季的原因之一。旅游市场的波动性要求旅游市场营销者做到以下两个方面：一是加强对环境的了解和分析，及时发现环境变化给旅游市场带来的影响，以及时应对；二是防止季节性的大起大落对整体旅游市场造成负面影响，例如，可以建立假日旅游接待住宿应急机制，妥善解决假日期间游客量猛增带来的接待能力不足的问题。

（2）异地性。

旅游是跨地区的游览活动，旅游活动的完成通常伴随着游客的地理位置迁移，因此旅游市场通常与旅游目的地有一定的距离。这也使得旅游目的地的可进入性和旅途的安全性，成为旅游市场营销者在选择旅游目的地时所要考虑的首要因素。开发旅游市场时，必须考虑地理位置和交通状况。打通从客源市场到目的地的交通是十分重要的，包括客源地和目的地之间的大交通和目的地旅游节点之间的区间交通。需要注意的是，异地性所隐含的跨文化体验和独特经历是吸引游客前往的核心要素，这就要求旅游目的地必须根据旅游市场需求进行旅游产品的生产、组织和营销。

（3）多样性。

游客的年龄、性别、偏好等因素的差异性导致了旅游需求的多样性，同时为旅游经营者创造了多样化的市场空间。旅游经营者可以进行不同形式的产品组合，使游客获得不同的感受和经历；还可以依据游客购买形式的不同，采取包价旅游、小包价旅游、散客旅游、定制旅行等灵活多样的经营方式。旅游市场的多样性要求旅游市场营销者要能帮助旅游企业对市场进行细分，精准地找到自己的客户，并在目标市场上确立企业和产品的清晰定位；同时，要根据市场需求，不断创新，研发新的旅游产品，适时调整营销策略。

（4）全球性。

旅游市场的全球性体现在两个方面：一是全球化的旅游需求；二是全球化的旅游供给。一方面，旅游业所生产的产品是提供给全球旅游者的；另一方面，某一旅游目的地的游客是来自世界各地的。旅游市场的全球性要求旅游市场营销者一方面要了解国际旅游市场的发展趋势、发展规律和发展特征，以便做出较为准确的研判；另一方面要立足自身实际条件，着眼于国际旅游市场需求，设计、打造和宣传国际化的产品和服务。

（5）高度竞争性。

旅游市场的高度竞争性主要表现在两个方面：一是游客对稀缺性旅游资源的竞争；二是旅游经营者对游客的竞争。旅游市场的全球性，加剧了它的高度竞争性。旅游市场进入壁垒低，旅游产品又往往缺乏专利保障、易于被模仿，市场上的同质化产品越来越多，呈现出高度的竞争性。随着旅游产业的发展和人们生活水平的提高，旅游市场对旅游产品的质量和旅游企业的服务品质的要求会越来越高，旅游企业之间的竞争日益侧重于旅游产品的质量、服务及旅游企业形象的竞争。在竞争中，旅游市场营销者要高度重视信息的传递。在旅游市场营销中，信息传递不仅是传递产品信息、企业信息，还有情感信息、价值信息。因为，消费者更愿意选择那些具有使命感、愿景、价值观的企业，希望这些企业能满足自己在社会、经济和环境等方面的深刻的内心需求。也就是说，他们寻求的产品和服务不仅要满足功能和情感上的需求，还要满足精神方面的需求。

二、何为市场营销

（一）市场营销的定义

“市场营销”一词来源于英文“ marketing”。对于这一概念的理解，最简洁的说法就是：满足别人并获得利润①。营销的本质是利他②，即成就他人并创造价值，企业的利润只是因为为他人创造价值而获得的奖励。也可以将其理解为：企业为获得利益回报而为客户创造价值并与之建立稳固关系的过程③。

这一定义的关键是为他人（客户）“创造价值”。所谓创造价值，就是为客户提供有价值的产品或服务，这是营销的基础和根本。此处的“价值”实际上是“客户感知价值”（ Customer Perceived Value，CPV），是客户将所能感知到的从某一特定产品或服务

---

① 屈冠银 . 市场营销理论与实训教程［M］.3 版 . 北京：机械工业出版社，2019：2.

② 小马宋 . 营销笔记［M］. 北京：中信出版社，2022：32.

③ 菲利普 · 科特勒，加里 · 阿姆斯特朗 . 市场营销原理与实践［M］. 楼尊，译 . 北京：中国人民大学出版社，2020：5.

中获得的利益，与其在获取产品或服务时所付出的成本进行权衡后，对产品或服务效用的总体评价。

营销的目的是与客户“建立稳固关系”。企业和客户的关系一般并不是一次交易的关系，而是长期多次购买的关系。如何维护并锁住老客户，特别是优质客户，是营销者需要考虑的问题。按照客户的忠诚度和营利性，可以把客户划分为四种类型：

（1）蝴蝶型客户。偶尔来购买产品或服务，但会带来很好的利润。

（2）挚友型客户。忠诚度高，且能带来高额的利润。

（3）藤壶型客户。长期光顾，但只买最便宜的产品或服务。

（4）陌生人型客户。不属于企业的目标客户，只是偶然进来购买产品或服务，营利性不高，以后可能再也不会光临。

在以上四类客户群体中，挚友型客户显然属于需要精心维护的优质客户；蝴蝶型客户可以通过一些绑定的优惠活动等方法留住他们，使他们转化成挚友型客户。另外两个群体则不必花太多精力关注。

因此，市场营销的第一步是了解你的客户，洞察客户需求，然后去设计以客户价值为导向的市场营销战略，并构建能够传递卓越价值的整合营销计划，进而建立营利性的关系和创造客户愉悦，从而实现从客户处获得价值以创造利润和维护客户权益的目的。在这个过程中，客户价值和客户满意是建立和管理客户关系的关键。

学习微平台

延伸阅读 1-3
市场营销过程中涉及的概念

旅游市场营销就是旅游企业和旅游目的地通过为客户（旅游消费者）创造价值和从客户（旅游消费者）那里获得价值回报来建立有价值的用户关系的过程。

旅游市场营销是旅游企业和旅游目的地在自身发展目标的驱使下，为实现比竞争者更为有效地识别、适应和满足旅游消费者市场需要而进行的管理过程。由于旅游产品是由吃、住、行、游、购、娱六要素组成的整体产品，所以旅游市场营销活动涉及社会的各个方面。其中，旅行社、酒店、民宿、景区等旅游企业是旅游营销活动的主体；此外还包括非营利性的政府机构，如旅游行业主管部门等。旅游市场营销是综合性、全方位的营销活动。

（二）用历史思维看经营思想的演进

历史思维，是指以马克思主义唯物史观为指导，运用历史视野和发展规律思考分析问题、把握前进方向、指导现实工作的科学思维。我们要善于把事物放在历史长河中来考察，从正反两方面历史经验教训中来总结、判断未来的发展趋势。

在管理学研究中，人们普遍将市场营销看作一种哲学或思维方式。从这个意义上说，市场营销所代表或者所反映的，其实是一种经营思想或管理导向。

按照各种经营思想或管理导向的主要流行年代，可将企业经营思想或管理导向的整个演进历程划分为三个时期，即生产导向时期→销售导向时期→市场营销导向与社会营销导向并行时期。目前正处在市场营销导向与社会营销导向并行时期（见表 1－3）。

表 1－3　企业经营思想或管理导向的演进历程

演进阶段	市场背景	关注重点	基本特点	形成和流行的大致年代
生产导向	产品供不应求； 几乎不存在竞争	提高生产能力； 提高生产效率； 降低成本	眼光向内 / 内向思考；以产定销，强调产品生产	19 世纪 70 年代至 20 世纪 20 年代
销售导向	产品供大于求； 竞争者增多	加大销售力度，改进销售技术	眼光向内 / 内向思考；以产定销，强调销售工作	20 世纪 20 年代至 50 年代中期
市场营销导向	产品供过于求； 竞争激烈； 消费者有了多种选择，且变得挑剔	消费者需要，消费者满意； 竞争者的行动； 经营环境的变化	眼光向外 / 外向思考；以销定产，强调消费者导向	20 世纪 50 年代中期至今
社会营销导向	产品供过于求； 竞争激烈； 消费者更加挑剔，且关心社会、健康和环境问题	消费者需要，消费者满意； 经营环境的变化； 本组织的社会责任	眼光向外 / 外向思考；兼顾消费者导向和本组织的社会责任	20 世纪 80 年代中期至今

资料来源：沈雪瑞，李天元，曲颖．旅游市场营销［M］.3 版．北京：中国人民大学出版社，2022：7.

（三）旅游市场营销的发展趋势

用历史思维分析旅游市场营销的发展趋势，要求我们既要善于总结和汲取历史上的经验教训，做到以史为鉴、更好地走向未来，又要善于总结和汲取工作中的经验教训，做到修正错误、更好地前进发展。

必须要看到的是，数字技术的迅猛发展彻底改变了我们的生活方式——我们可以随时随地获取信息、沟通、购物和娱乐。如果我们还沿用传统的营销理念和营销方式，将很难适应新的变化和需求。

菲利普·科特勒认为，现在市场营销已经进入了 4.0 时代。营销 1.0 时代是以产品为中心的营销，功能诉求、差异化卖点成为帮助企业实现从产品到利润的利器；营销 2.0 时代是以消费者为导向的营销，不仅产品需要有功能差异，企业更需要注重自身形象以及与消费者的情感连接，因此出现了大量以品牌为核心的公司；营销 3.0 时代是以价值观驱动的营销，是把消费者从企业“捕捉的猎物”还原成“丰富的人”的以人为本的营销；营销 4.0 时代则是以大数据、社群、价值观为基础的营销，企业营销的中心转移到如何与消费者积极互动、尊重消费者作为“主体”的价值观，让消费者更多地参与营销价值的创造上来。

在数字化连接的时代，洞察与满足这些连接点所代表的需求，帮助客户实现自我价值，就是营销 4.0 时代所需要面对和解决的问题，它是以价值观、连接、大数据、社区、新一代分析技术为基础所造就的。营销 4.0 面对客户购买过程中方方面面的需求，提供了具有深度和广度的人本营销升级版方案[①]。

学习微平台

案例分享 1-1
在直播平台上
“玩火”的三峡人家

在营销 4.0 时代，我们需要再次定义旅游市场营销。从传统走向数字，新媒体营销已成为旅游市场营销的主战场。旅游企业和旅游目的地要适应和运用新媒体营销，尤其要重视“短视频 + 社交”，但这并不意味着线下营销就不需要了。因为旅游产品需要临场体验，其生产和消费具有直接同一性，线下营销给参与者（潜在客户）带来的情感交互和现场感，是线上营销所无法替代的。

线上线下整合营销是旅游市场营销的大势所趋。

① 菲利普·科特勒，何麻温·卡塔加雅，伊万·塞蒂亚万．营销革命 4.0：从传统到数字［M］．王赛，译．北京：机械工业出版社，2018.

任务实施

辨析旅游市场

案例：小岛上有市场吗?

美国有一家制鞋公司要把自己的产品卖给太平洋一个小岛上的土著居民。老板派两个营销员去进行市场调查。过了一段时间，两个人都回来了。一个人说："那里的人都光着脚，我们的鞋子没有市场，所以我就回来了，准备去开拓其他市场。"另一个人说："那里的人都光着脚，许多人脚上有伤病，所以我们的鞋子很有市场。于是我就回来准备弄一批货过去。但是，他们的脚普遍较小，我们必须重新设计鞋子。我们还要教他们穿鞋的方法，告诉他们穿鞋的好处。我们最好能够取得部落酋长的支持。他们没有钱，但岛上盛产菠萝，我们可以进行易货贸易。"企业根据第二个营销员的调研结论进行决策，果然取得了成功。

资料来源：屈冠银 . 市场营销理论与实训教程［M］.3 版 . 北京：机械工业出版社，2019：5.

想一想：

1. 案例中的第二个营销员是怎样分析小岛市场的三个构成要素的? 按照"市场 = 人口 + 购买力 + 购买欲望"完成下面的填空：

小岛市场 =（　　　）人口 +（　　　）购买力 +（　　　）购买欲望

来自哪里?　　怎么解决的?　　怎么激发的?

2. 某地盛产草莓，因为草莓采摘期短、产量大，需要短时期内用最快的方式销售出去，而当地草莓种植户又缺乏营销预算和销售渠道。当地政府希望能和旅游企业合作，帮助草莓种植户营销草莓。假设你是某旅行社营销人员，你会向企业经营者提供怎样的旅游市场开发建议，让旅行社成功做"草莓经纪人"?

班级

姓名

学号

成绩

任务实训

实训主题	角色反转——模拟市场营销
实训目的	通过模拟情景演习，学生能够更好地理解市场营销理念，树立市场营销意识
实训内容	1. 角色扮演 A：请你以暑期实习岗位的应聘者的身份，编制一份求职简历 2. 角色扮演 B：请你以旅游企业实习生的招聘人员的身份，绘制一份思维导图，说明拟将通过哪些渠道发布招聘信息，以及在招聘时会重点考查应聘者的哪些素质和能力
实操实训	1. 假如你是暑期实习岗位的应聘者，根据你对市场营销概念的理解，将你认为求职简历应包含的重要信息填入下面问题的空白处 （1）你认为求职简历上最重要的信息是：________。（单项） A. 姓名　　B. 学历　　C. 性别　　D. 应聘岗位 （2）你认为求职简历应围绕________展开。（单项） A. 你能给招聘单位带来的价值 B. 你所具备的资源 C. 彰显你的实力 D. 你的颜值
	2. 假如你是旅游企业实习生的招聘人员，列出你拟采用的实习生招聘信息发布渠道
	3. 假设你是旅游企业实习生的招聘人员，请回答下列问题 （1）作为用人单位，招聘时最关注应聘者的________信息。（单项） A. 颜值　　B. 态度　　C. 价值　　D. 薪酬期待 （2）你希望看到的招聘简历________。（可多选，按重要程度排序） A. 第一眼就能看到应聘岗位 B. 制作精美 C. 内容非常丰富 D. 所展示的信息符合岗位招聘要求 E. 简洁明了 F. 认同企业价值观 G. 个人特长很多

班级________ 姓名________ 学号________ 成绩________

考核评价

知识点和学习评价一览表

序号	知识评价点	自我评价结果			备注
		掌握	基本掌握	未掌握	
1	市场的概念				
2	影响旅游市场的主要因素				
3	旅游市场的类型和特点				
4	市场营销的定义				
5	企业经营思想的演进				
6	旅游市场营销的发展趋势				
7	你认为本任务最有价值的内容是什么？对你有什么启发？				

任务拓展

数字资源：营销的本质是成就他人并创造价值

班级 ________

姓名 ________

学号 ________

成绩 ________

任务二 理解营销环境

任务准备

一、旅游市场营销环境总体认知

（一）旅游市场营销环境的概念与特点

旅游市场营销环境是旅游企业的生存空间，它是影响企业营销目标实现的动态因素。企业营销计划的制订和实施必定受到所在市场环境的影响。因此，在制订营销计划时，首先需要对市场环境有一个基本的判断，以便帮助企业了解市场营销的机会和风险，防范可能出现的威胁。

什么是旅游市场营销环境？所谓旅游市场营销环境，就是对旅游企业开展市场营销活动产生直接和间接影响的各种客观条件和因素的总和，由宏观环境和微观环境两部分组成。其中，宏观环境又称为间接营销环境，是指影响旅游企业生存和发展的外部环境，由各种外部因素组成，包括政治因素、文化因素、经济因素、人口因素、技术因素、社会因素等；微观环境又称为直接营销环境，由与旅游企业营销活动有关的组织和个人构成，包括购买者、旅游中间商、旅游供应商、旅游辅助商、竞争者、社会公众、旅游企业自身等。对于旅游企业而言，微观环境是企业的可控因素，宏观环境属于不可控因素。

旅游市场营销环境具有以下特点。

1. 系统性

旅游市场营销环境各因素间不是孤立无关的，而是相互影响、相互制约的，其中任何一个因素的变化都会引起其他因素的交互变化，产生连锁反应，形成新的营销环境。如科技的参与，让旅游更加“智慧”，也让“旅游+”有了更多可能。

2. 多变性

旅游市场营销环境各因素不是一成不变的，而是受多种因素的影响处于变动之中。旅游市场营销环境一般呈渐变状态，但有时也会呈现突变状态，如政治形势剧变、重大自然灾害、传染性疾病流行、重大旅游安全事故的发生等。无论是渐变状态的环境因素，还是突变状态的环境因素，都决定了旅游企业对环境的适应是一个动态的过程。旅游企业要时刻监视和关注环境因素的变化，以及由此引起的对企业营销活动直接和间接的影响。

3. 可转化性

旅游市场营销环境各因素对不同地区、不同企业的影响是不一样的，可以相互转化。同一旅游市场环境，对旅游企业既可能是制约因素，又可能是机会因素，就看当遇到环境威胁时，旅游企业能否去适应外部环境，减轻或避免环境威胁，并化害为利。如在新冠疫情给旅游消费市场带来沉重打击的期间，旅游业的发展并非完全停滞。在长途游、海外旅游需求得不到满足的情况下，提供精致露营、农家乐以及亲子游乐等游玩体验的周边游，因满足了人们自由出行的消费需求，成为助推旅游业回血的重要新兴市场。

（二）用战略思维看旅游市场营销环境

党的二十大报告指出，我们要善于通过历史看现实、透过现象看本质，把握好全局和局部、当前和长远、宏观和微观、主要矛盾和次要矛盾、特殊和一般的关系，不断提高战略思维、历史思维、辩证思维、系统思维、创新思维、法治思维、底线思维能力，为前瞻性思考、全局性谋划、整体性推进党和国家各项事业提供科学思想方法。深入学习领会党的二十大精神，可以为我们确立和优化科学思想方法和思维方式提供根本遵循。

所谓战略思维，就是高瞻远瞩，从全局和长远的角度思考问题，善于把握事物发展总体趋势和方向的思维方式。这对于我们分析旅游市场营销环境有着重要的指导意义。用战略思维看旅游市场营销环境，就是要做到以下几点：

一是要坚持着眼全局看问题。坚持着眼于中国特色社会主义事业发展全局，从政治上认识和判断形势，把局部问题放到全局中加以思考，并且善于在对全局的观察和判断中敏锐地察觉出那些对全局发展变化有重要影响的新情况和新问题。中国旅游业的发展离不开中国特色社会主义事业发展全局。

二是要坚持着眼长远想问题。人无远虑，必有近忧。在解决当前问题的同时，更要谋划长远。我们处在一个变革的时代，无论是领导人还是企业家，都需要立足当前、着眼长远，准确把握世界大势，谋划应对之策。特别是旅游业，面对的是全球旅游行业竞争格局。要把眼光放长远些，营销不追求轰动一时，而更看重打基础、谋长远，合作共赢。

三是要坚持赢得战略主动。营销环境瞬息万变，要在各个方面发挥主观能动性，在战略谋划和战略措施上主动作为。把谋事和谋势、谋当下和谋未来统一起来，因应情势发展变化，及时调整战略策略，加强对中远期的战略谋划，牢牢掌握战略主动权。

四是要坚持增强战略定力。战略定力，是指在错综复杂的形势下为实现战略意图和战略目标所具有的战略自信、意志和毅力。旅游企业决策者要能在复杂多变的形势中坚持原则，冷静观察、谋定后动。我国经济发展已经进入新常态，如何适应和引领新常态，我们的认识和实践刚刚起步，有的方面还没有破题，需要广泛探索。关键是要保持战略定力，应势而谋，深入研究管用的措施和办法。旅游企业的发展也是一样。

2021 年 12 月国务院印发的《“十四五”旅游业发展规划》明确指出，我国将全面进入大众旅游消费时代。随着国民消费能力的提升及消费意识的转变、旅游平台服务的创新及新旅游城市的兴起，国内旅游体现出越来越多的新意。城内游、轻旅游、城

学习微平台

延伸阅读 1-4
新人群带来
新需求

市周边游、深度体验游及传统文化与旅游相结合的旅游方式接连兴起，形成了“国民新旅游”的形式；以“95后”“00后”为代表的“Z世代”年轻人群，逐渐成为“国民新旅游”的引领者和风向标；科技的进步、数智化的升级为旅游行业不断赋能，从产品设计、营销及服务等方面不断带来新供给以创造新需求。

新形式、新需求要求新供给，新文旅创造新增量。这都需要我们用战略思维去分析和把握旅游市场营销环境的变化，做好前瞻性思考、全局性谋划。

二、旅游市场宏观环境

旅游市场宏观环境包括政治环境、文化环境、社会环境、经济环境、人口环境、自然环境、技术环境等，具体见表1－4。

表1－4 旅游市场宏观环境的构成

政治环境	政策制度、法律法规、政局稳定、国际关系等
文化环境	宗教信仰、语言文字、价值观念、道德规范、风俗习惯、生活方式等
社会环境	相关群体、家庭、社会阶层等
经济环境	经济发展水平、居民收入、外贸收支状况、消费结构模式、经济周期等
人口环境	人口规模、人口分布、人口流动、人口结构等
自然环境	自然资源、环境污染、政府对环境保护的干预等
技术环境	新技术、新工艺、新材料、新发明、新产品等

三、旅游市场微观环境

旅游市场微观环境，直接关系到旅游企业的市场利益，包括购买者（旅游消费者）、营销合作商（旅游供应商、旅游中间商、旅游辅助商）、旅游企业自身、竞争者、社会公众等（见图1－3）。

（一）购买者

购买者是旅游企业的服务对象，是影响旅游营销活动的最基本、最直接的环境因素。购买者又可分为组织购买者和个体购买者。分析购买者，需要分析组织购买者和个体购买者的数量、分布、结构、用户需求、购买习惯、购买影响因素、收入支出、议价能力、对现有产品的满意度、变化趋势等内容。

（二）营销合作商

营销合作商包括旅游供应商、旅游中间商、旅游辅助商。

旅游供应商指向旅游企业及其竞争者提供旅游产品生产所需资源的企业和个人，

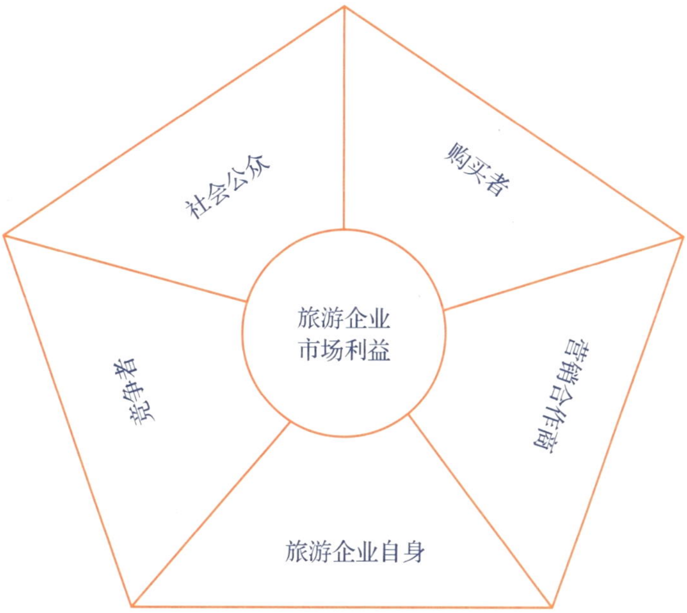

图 1－3 旅游市场微观环境的构成

这里的资源包括能源、设备、劳务和资金等。旅游供应商会影响供货的质量水平、价格水平、稳定性和及时性，应从供应商的资信状况和供应商的多样化两个角度选择供应商，建立供应商筛选机制。

旅游中间商是指在旅游生产者和旅游消费者之间参与商品流通业务，促使买卖行为发生和实现的集体与个人，包括经销商、代理商、批发商、零售商、交通运输公司、营销服务机构和金融中间商等。中间商的选择关系到旅游营销计划能否顺利完成，应全面、深入地调查和分析旅游中间商的发展趋势，做好旅游中间商的选择、评估和管理工作。

旅游辅助商，主要包括三类：（1）营销辅助业务代理，如广告公司、市场调研公司、财务代理公司、税务代理公司等；（2）实体分配企业，如物流公司承担旅游纪念品企业生产出来的商品的运输、仓储等业务；（3）金融公司，如银行、信贷公司、保险公司等。

（三）旅游企业自身

旅游企业自身，是指由企业营销部门与其他职能部门及管理层共同组成的组织。

（四）竞争者

旅游企业在从事营销活动时，会遇到各种类型的竞争者。竞争者的状况直接影响着企业的经营活动。从旅游产品生产者角度看，同行业竞争者的卖方密度、产品差异和进入难度是三个值得企业重视的方面。同行业竞争者的卖方密度，即同一行业或同一类商品经营中卖方的数目；产品差异，即同一行业中不同企业同类产品的差异程度；进入难度，即某新企业在试图进入某行业时所遇到的困难程度。企业在关注同行业竞争者和细分市场内竞争者的同时，还应该关注潜在竞争对手的进入威胁和替代产品的替代威胁。

（五）社会公众

旅游企业主要面临六类公众：金融公众、媒体公众、政府公众、社团公众、社区公众（企业所在地附近的居民和社区团体）、内部公众（企业内部的管理人员及一般员工）。社会公众对旅游企业的态度会对企业的营销活动产生巨大的影响，它既可能发挥正向作用，促进企业营销目标的实现，也可能成为阻碍力量。所以，旅游企业必须采取一定的措施，正确处理与主要公众的关系，争取得到其支持，为自己营造有利的社会公众环境。

四、营销环境 SWOT 分析

SWOT 分析法，即态势分析法，就是把企业内外环境所形成的优势（Strengths，S）、劣势（Weaknesses，W）、机会（Opportunities，O）、威胁（Threats，T）等，通过调查列举出来，并依照矩阵形式排列，然后用系统分析的思想，把各种因素相互匹配起来加以分析，从中得出一系列相应的结论，而结论通常带有一定的决策性。SWOT 分析模型见图 1－4。

外部因素 \ 内部因素	优势（S）	劣势（W）
机会（O）	SO 依靠内部优势 利用外部机会	WO 克服内部劣势 利用外部机会
威胁（T）	ST 依靠内部优势 回避外部威胁	WT 克服内部劣势 回避外部威胁

图 1－4　SWOT 分析模型

其中 S、W 来自旅游企业内部环境，表现为资金、技术设备、职工素质、产品市场、管理能力等的某一个方面或综合的因素；O、T 来自企业的外部环境，是企业无法控制的，有的对于特定旅游企业而言是机会，有的对于特定旅游企业而言却是威胁。客观分析内部和外部的环境因素，并将两者综合起来考虑，能够帮助旅游企业确定自己在市场竞争中的位置，明确企业下一步的营销战略。

进行 SWOT 分析，一般要经过四个步骤，见图 1－5。针对不同的 SWOT 组合，旅游企业可相应采取不同的营销策略原则，见图 1－6。

第一步

参照本项目中所介绍的各种环境因素，进行旅游企业外部环境分析，分别按照机会（O）逐一列出O_1，O_2……按照威胁（T）逐一列出T_1，T_2……

第二步

参照本项目中所介绍的各种环境因素，进行旅游企业内部环境分析，分别按照优势（S）逐一列出S_1，S_2……按照劣势（W）逐一列出W_1，W_2……

第三步

绘制SWOT分析矩阵

- 这是一个以外部环境中的机会和威胁为一方，以内部环境中的优势和劣势为另一方的二维矩阵
- 在这个矩阵中，有四个象限或四种SWOT组合。它们分别是优势–机会（SO）组合；优势–威胁（ST）组合；劣势–机会（WO）组合；劣势–威胁（WT）组合
- 值得注意的是：每种组合都应完全根据实际情况来匹配，在任何一种组合内都可能会发现多种因素之间形成的多种组合关系。这些组合便是制定营销战略的决策依据

第四步

进行组合分析：

- 优势–机会（SO）组合
- 优势–威胁（ST）组合
- 劣势–机会（WO）组合
- 劣势–威胁（WT）组合

图1–5　SWOT分析四步骤

◎SO组合：意味着旅游企业面临着天时地利人和的良好形势。在这种情况下，建议抓住机会，凭借自身的长处和资源，最大限度地利用外部环境所提供的多种发展机会，获得最大效益
◎ST组合：意味着虽然旅游企业鉴别出外部环境对自己不利，但是企业自身拥有应对外部环境威胁的长处。在这种情况下，建议不要“硬碰硬”，而是采取慎重而又不失灵活的方式，充分发挥自己的长处，尽量减少或规避外部环境带来的不利影响
◎WO组合：意味着虽然外部环境为旅游企业的发展提供了机会，但是企业内部存在着限制利用这些机会的劣势。在这种情况下，建议通过引进和利用外来的力量尽快弥补企业的弱点，以最大限度地及时利用外部环境中的机会。如果不采取行动，实际上是将机会让给了竞争对手
◎WT组合：意味着旅游企业面临着不利的外部环境条件，同时内部又有缺陷和弱点。旅游企业应尽量避免这种状态，因为一旦在市场中处于这样的位置，在制定营销战略时就要想方设法降低威胁和劣势对企业的影响。建议采取合并或者缩减业务规模的战略，以期能够克服劣势，或者使威胁随时间的推移而消失

图 1－6　不同 SWOT 组合采取的营销策略原则

学习微平台

案例分享 1-2
古田梅花山试验区文旅康养产业 SWOT 分析

任务实施

营销思辨：适应环境还是改变环境

一些专家认为，环境具有不可控的特点，营销者首先应该学会适应环境。但是，根据菲利普·科特勒的大市场营销理论，企业在处理同外部环境的关系时应该打破被动适应的局面，通过自身影响力和公共关系，改变甚至控制外部环境。

将学生分为正方、反方，围绕以下主题进行辩论。

正方：营销者应该学会适应环境。

反方：营销者应该主动改变环境。

班级＿＿＿＿＿＿ 姓名＿＿＿＿＿＿ 学号＿＿＿＿＿＿ 成绩＿＿＿＿＿＿

任务实训

<table>
<tr><td>实训主题</td><td>旅游企业市场营销环境分析</td></tr>
<tr><td>实训目的</td><td>通过案例实践，学生能够更好地理解旅游企业市场营销环境的概念、特点及对企业营销活动的影响，学会运用 SWOT 分析方法</td></tr>
<tr><td>实训内容</td><td>选择当地的某家旅游企业，运用 SWOT 分析方法对其营销环境进行组合分析，为旅游企业制定营销战略提供决策依据</td></tr>
<tr><td>实操实训</td><td>小组合作，填写该旅游企业 SWOT 分析矩阵
某旅游企业 SWOT 分析矩阵
<table>
<tr><td colspan="2" rowspan="3"></td><td colspan="2">内部环境</td></tr>
<tr><td>优势（S）</td><td>劣势（W）</td></tr>
<tr><td></td><td></td></tr>
<tr><td rowspan="4">外部环境</td><td>机会（O）</td><td>SO 战略</td><td>WO 战略</td></tr>
<tr><td></td><td></td><td></td></tr>
<tr><td>威胁（T）</td><td>ST 战略</td><td>WT 战略</td></tr>
<tr><td></td><td></td><td></td></tr>
</table>
</td></tr>
</table>

班级 ________ 姓名 ________ 学号 ________ 成绩 ________

考核评价

知识点和学习评价一览表

序号	知识评价点	自我评价结果			备注
		掌握	基本掌握	未掌握	
1	旅游市场营销环境的概念				
2	旅游市场营销环境的特点				
3	旅游市场宏观环境的内容				
4	旅游市场微观环境的内容				
5	SWOT 分析法				
6	应用 SWOT 分析法分析具体旅游企业，制定相应战略				
7	你认为本任务最有价值的内容是什么？对你有什么启发？				

任务拓展

数字资源：全球第一家旅行社的破产启示录

班级 ________
姓名 ________
学号 ________
成绩 ________

项目二 找准客户

项目导读

市场细分（Market Segmenting）、目标市场选择（Market Targeting）和市场定位（Market Positioning）构成了旅游企业和旅游目的地营销战略的核心三要素（简称STP）。“忘记了人民，脱离了人民，我们就会成为无源之水、无本之木，就会一事无成。”这是习近平总书记2016年10月21日在纪念红军长征胜利八十周年大会上的讲话。它不仅是治国理政的金句，对于市场营销计划的制订也同样适用。找准目标客户是成功进行营销的关键。人民（客户）需求是商业的起点。市场营销计划的编制和执行，以对两个基本问题的回答为基础：第一个基本问题——“我们为谁提供服务？”（市场细分和目标市场选择）；第二个基本问题——“怎样才能最好地为目标客户服务？”（差异化和定位）。要回答这两个基本问题，就需要学习本项目的内容。本项目旨在帮助学生学会运用辩证思维对旅游市场进行细分和评估，从而选择适合企业产品的目标市场，并进一步对目标市场进行市场定位。

学习目标

1. 了解旅游市场细分的概念和意义，掌握旅游企业常用的市场细分依据或标准。

2. 熟悉旅游市场细分的方法，掌握四种基本的目标市场选择策略。

3. 了解旅游市场定位的概念、方式、步骤，掌握旅游市场定位的策略及定位传播的三大诀窍，并能在实际营销工作中予以运用。

思维导图

- 找准客户
  - 细分旅游市场
    - 旅游市场细分的概念和意义
    - 旅游市场细分的原则、依据和注意事项
    - 旅游市场细分的方法
  - 选择目标市场
    - 评价细分市场
    - 目标市场选择策略
    - 选择目标市场选择策略时需考虑的因素
  - 实施市场定位
    - 认识旅游市场定位
    - 旅游市场定位的方式
    - 旅游市场定位的步骤
    - 旅游市场定位的策略
    - 传播定位，广而告之

任务一 细分旅游市场

任务准备

一、旅游市场细分的概念和意义

（一）旅游市场细分的概念

旅游市场细分是指旅游企业根据旅游者的特点及需求的差异性，将一个整体市场划分为两个或两个以上具有类似需求特点的旅游者群体的活动过程。

（二）旅游市场细分的意义

市场细分有助于企业掌握旅游客流的规律，对开拓旅游市场、开发旅游资源和项目产品、制定旅游区的建设规划具有重要意义。

任何市场中的购买者在欲望、资源、地点、购买态度和购买行为等方面，都存在很大的差别。任何一个企业，即便是规模巨大的企业或资金雄厚的大公司，也不可能满足全部购买者的需要。所以，有必要对市场进行细分，将其划分为较小的用户群即细分市场，选择一个或几个拟进入的细分市场作为企业的目标市场，并为其提供差异化的产品和服务，以创造卓越的用户价值。特别是对小企业而言，若能通过市场细分，找到那些被市场中的“统治者”或者有绝对优势的企业忽略、放弃的某些细分市场——利基市场（小众市场），为其提供产品或服务，就意味着：更容易进行专业化经营；面临的竞争强度更低；可以巩固优势；更容易在该领域受到认可；可以为客户提供特定服务，客户忠诚度更高。

通过市场细分，企业可以把资源集中于目标客户，获取更好的发展。

学习微平台

案例分享 2-1
御茶园老白茶细分品类的经营

二、旅游市场细分的原则、依据和注意事项

（一）旅游市场细分的原则

为保证市场细分工作能够真正有效地开展，对旅游市场进行细分时有必要遵循一定的原则。

1. 可衡量性

细分市场的规模、购买力和基本情况必须是可以测量的，且细分市场的需求特征、购买行为等要能明显地与其他用户群区分开。

2. 可营利性

细分市场要足够大，或有利可图。若细分市场规模太小、利润太低，则应放弃。

3. 可接近性

即旅游企业可以有效地影响和服务细分市场。如果你选择的是一个无法接近的细分市场，那生意就无法开展，因为你既无法向目标客户进行广告宣传，也无法找到渠道与之进行交易。

4. 可持久性

细分市场应能持续较长时间，具有较强的生命力和较大的发展潜力。如暑期档的亲子研学游方兴未艾，多家在线旅游平台的暑期旅游数据预测，未来几年暑期市场热度有望再创新高。

5. 可操作性

旅游企业要能够设计有效的营销方案吸引并服务于细分市场。如果细分市场对企业推出的产品和宣传活动反应性不足，那么也不是一个好的细分市场。如向很少使用鞋垫的年轻人宣传国风鞋垫，显然不是一个好的选择。

（二）旅游市场细分的依据

旅游市场细分的依据即旅游市场细分的标准，企业一般会根据地理区域因素、人口统计因素、心理因素、行为因素进行市场细分（见表 2－1）。

表 2－1　旅游市场细分的常用依据

地理区域因素	国境、主要地区、市场机会、空间位置、自然地理、气候、人口密度等
人口统计因素	年龄、性别、收入、职业、教育、生命周期阶段、宗教、种族等

续表

心理因素	生活方式、个性等
行为因素	购买率（经常性购买者市场、中等程度购买者市场、偶尔性购买者市场）、客户地位（初次购买者、经常购买者）、忠诚度、利益追求、购买时机等

注：（1）客户地位指的是消费者人群属于初次购买者还是经常购买者。依据这一标准，可以将客源市场划分为初次购买者市场和经常购买者市场。例如，对于大多数主要经营观光旅游产品的目的地和组团社而言，初次购买者往往是其主要的目标市场；而对于大多数地处市中心的商务酒店而言，以商务旅行者为代表的经常购买者通常是其重点目标市场。也可以根据使用者情况，将消费者分为尚未使用者、曾经使用者、潜在使用者、首次使用者和经常使用者。

（2）利益追求：旅游消费者的利益追求主要包括休息放松、增长知识、保健强身、尽情欢乐、旅伴情谊、挑战探险（包括文化探险和自然探险）、探索发现等。根据消费者希望从产品中获得的不同利益，可将他们划分为不同的群体。

组织市场和消费者市场的许多细分变量是相同的。在市场营销时也可以参照地理区域、人口（行业、公司规模）、利益追求、客户地位、购买率和忠诚度来细分组织市场。不过，组织市场的营销者还会用到一些额外的变量，如用户经营特点、采购方式、环境因素和采购人员的个人特征等。

（三）旅游市场细分的注意事项

在进行旅游市场细分时，需要注意以下三方面的问题：

（1）可用于市场细分的依据很多，在实际使用时，企业要根据自身的情况去灵活选择，切不可机械照搬他人的经验。

（2）在市场细分时，营销者往往将多项依据结合起来使用，以便能够更好地确定更小、更好识别的目标用户群。这有助于企业更好地识别和了解关键用户群，更有效地选择目标市场，并针对目标用户的特殊需求调整产品和信息。

（3）随着时间的推移和环境的变化，适用于市场细分的依据可能会发展和变化。此外，即使是同一标准，在不同的时空条件下对旅游消费者购买行为的影响程度也会有所不同。因此，对于所选用的市场细分依据或标准，营销者有必要根据时空变化的具体情况适时做出修订。

三、旅游市场细分的方法

（一）单一变量细分法

单一变量细分法（又称一元细分法），即根据与旅游者需求差异紧密相关的某一最重要的变量因素进行市场细分的方法。如儿童乐园根据孩子的年龄层次将目标使用人群划分为 0 ～ 2 周岁、3 ～ 6 周岁、7 ～ 12 周岁三个层次，根据不同年龄层次的心理行为特点设计适合不同年龄段儿童的活动方式和游戏内容。

（二）综合变量细分法

综合变量细分法（又称交叉细分法、多元细分法），即选择并综合运用与旅游者需求差异紧密相关的两种及两种以上的并列变量对旅游市场进行细分的方法，如收入、年龄、动机等。

（三）系列变量细分法

系列变量细分法，即考虑与旅游者需求差异相关的各种因素，并依据由大到小、由粗到细的顺序对旅游市场依次进行系列细分的方法。如老年 + 男性 + 高收入 + 大学学历 + 已婚 + 喜欢艺术 + 休闲旅游动机，就是根据年龄、性别、收入、学历、婚姻、兴趣、动机系列变量因素综合考量，找到自己目标市场的过程。

（四）完全细分法

完全细分法就是根据每位旅游者消费需求的差异，将每位旅游者都细分为一个特定的市场的方法。完全细分法比较适合于私人定制。

任务实施

关注有影响力的数码亚文化群

菲利普·科特勒在《营销革命 4.0：从传统到数字》中提到，年轻人、女性、网民共同构成了数码时代经济营销的关键群体。企业要想获得更多的支持，就应该重点关注年轻人、女性和网民群体。就规模而言，这三种群体都是有着巨大营利潜力的。就影响力而言，年轻人引领潮流，尤其是在流行文化领域中，音乐、电影、运动、美食、时尚、技术一样不落。年轻人作为新产品的最先尝试者，往往是营销人员的第一批目标。年轻人若能接受某种新产品，这种产品通常就能在主流市场获得成功。女性在家庭与职场中的影响力均在增强，女性作为信息收集者、家庭采购主管和管家，其消费在数字经济中占有主要市场份额。品牌若想拓展自己的市场，需要首先过了女性这一关。网民代表着不止在互联网上消费，还会积极贡献于互联网发展的人群。他们是有表现力的传播者。一旦爱上一个品牌，网民就会成为该品牌的关注者、粉丝和朋友，他们会抵抗品牌的反对者，还会成为品牌信息在网络上的传递者和内容贡献者。网民社群依赖于情感和互惠联系迅速呈指数级增长，并成为拓展品牌心灵份额的关键。网民会是最好的口碑传声筒，一旦品牌获得了网民的认可，其口碑就会随着社交关系迅速传播。

想一想：

1. 上文中的三种人群是根据什么因素划分的细分市场？如果你是企业经营者，按照旅游市场细分的方法，你认为上文中的三种群体还可以做怎样的细分？

2. 你会如何充分利用年轻人作为产品最早试用者和弄潮儿的角色，帮助企业获得更大的市场份额？

3. 你将如何充分利用女性的居家影响帮助企业占领更大的市场？

4. 你会如何识别并利用网民的特点，帮助企业获得更好的口碑传播？

班级＿＿＿＿ 姓名＿＿＿＿ 学号＿＿＿＿ 成绩＿＿＿＿

任务实训

实训主题	由故宫口红热销引发的深思
实训目的	通过案例分析，学生可以更好地理解市场细分的重要性
实训内容	从市场细分角度，分析案例中故宫口红热销背后的原因
实操实训	案例 1： 2018 年 12 月 9 日，故宫博物院文化创意馆的微信公众号发布推文《故宫口红，真的真的来了！》，宣布推出 6 款颜色分别为碧玺色、豆沙红、玫紫色、变色人鱼姬、枫叶红、郎窑红的口红，每支售价为 199 元人民币，瞬间就引爆了朋友圈。这 6 款口红颜色灵感全都来自故宫院藏红色国宝器物，而外观的设计则主要从清宫后妃服饰与绣品中汲取灵感。比如，备受美妆爱好者青睐的“郎窑红”色号，唇色灵感源自郎窑红釉观音尊，外观设计灵感源自洋红色缎绣百花文夹氅衣。口红膏体颜色和外管色调十分协调、搭调。数据统计，超过 300 万女性用户 1 年内购买口红 5 支以上，且年龄分布相当广泛。“90 后”作为口红消费的主力军占比 62%，50 岁以上的消费者也贡献了 2% 的份额。“95 后”中有 44.8% 每天涂抹口红，47.3% 随身携带口红，超过 20% 拥有 5 支以上口红。相关数据调研发现，购买故宫口红的消费者基本上是 25 ～ 34 岁的女性群体。 故宫口红的目标消费者是：
	案例 2： 清华大学文化经济研究院 2023 年发布的《新文创消费趋势报告》（以下简称《报告》）显示，围绕历史、文化 IP 进行文创开发正呈现出井喷态势。博物馆文创产品的销售额在过去两年内翻了三倍，不少网红产品的销售额呈几何级数增长；过去一年中，在线上逛博物馆的人首次超过了去博物馆实地参观的人，仅博物馆天猫旗舰店的累计访问用户就达到 16 亿人次，是全国博物馆接待人次的 1.5 倍。更让人惊喜的是，这其中有 1 亿用户是“90 后”。《报告》中给热爱文创 IP 产品的用户进行了画像：主要是购买力水平较高的都市年轻女性，她们紧追潮流，对国际高调性品牌热切关注，但也深爱中国传统文化，崇洋而不媚外。 从市场细分角度，分析故宫口红热销背后的原因：

班级 ________ 姓名 ________ 学号 ________ 成绩 ________

班级________ 姓名________ 学号________ 成绩________

考核评价

知识点和学习评价一览表

序号	知识评价点	自我评价结果			备注
		掌握	基本掌握	未掌握	
1	旅游市场细分的概念和意义				
2	旅游市场细分的原则、依据和注意事项				
3	旅游市场细分的方法				
4	你认为本任务最有价值的内容是什么？对你有什么启发？				

任务拓展

数字资源：利基市场才是小企业的“舞台”

任务二　选择目标市场

任务准备

一、评价细分市场

评价细分市场时，需考虑两方面的因素：一是细分市场对企业是否有吸引力。这方面的判断依据主要是细分市场的规模、成长性、可营利性、风险等。二是细分市场是否符合企业的目标和资源。若某些细分市场虽然有较大的吸引力，但不符合企业长远目标，或企业在这些细分市场缺乏一个或更多的能力且无法获得，那也只能放弃。企业如果不能在某细分市场创造某些优势价值，就不应该进入该细分市场。

二、目标市场选择策略

目标市场指企业决定为之服务的、具有共同需求或特点的购买者群体。目标市场的选择可以有不同的层次。如图 2－1 所示，企业选择目标市场时可以非常广泛（无差异性目标市场选择策略），也可以非常狭窄（微观目标市场选择策略），或者介于两者之间（差异性目标市场选择策略或集中性目标市场选择策略）。旅游市场营销目标市场选择策略的差异见图 2－2。

图 2－1　旅游市场营销目标市场选择策略的层次

（一）无差异性目标市场选择策略

无差异性目标市场选择策略是指旅游企业不考虑市场内消费者的潜在差异，将整体旅游市场看作一个大的目标市场，也不考虑细分市场之间的区别，旅游企业只推出单一的产品、运用单一的营销组合来满足所有旅游者的需求，着眼于用户需求中的相同之处。

（二）差异性目标市场选择策略

差异性目标市场选择策略是指旅游企业同时经营几个细分市场，并为每个细分市场设计不同的营销策略。这种策略适合实力强大的旅游企业或者竞争对手采用差异性

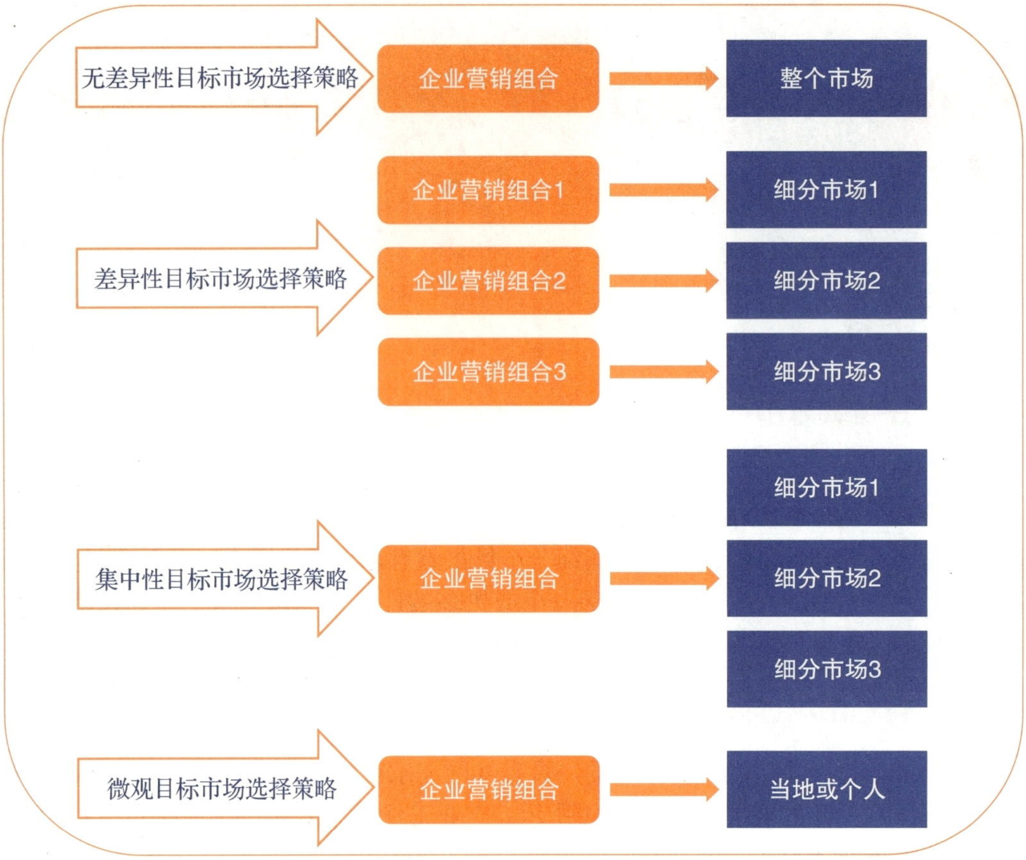

图 2-2　旅游市场营销目标市场选择策略的差异

目标市场选择策略时使用；当旅游企业实力不强，或竞争不激烈时，应避免采用差异性目标市场选择策略。

（三）集中性目标市场选择策略

集中性目标市场选择策略是指旅游企业营销人员使用某种特定的营销策略来满足某个单一的目标市场。这种策略主要表现为旅游企业将人力、物力、财力集中于一个小的、特定的子市场。

（四）微观目标市场选择策略

微观目标市场选择策略是指为适合特定个人和特定地区的偏好而调整产品和营销策略，具体包括当地营销和个人营销两种策略。

当地营销指根据当地用户群——城市、街区甚至特定的商店的需要和欲望，调整品牌和促销策略。如万豪集团的万丽酒店通过实施导航项目，让入住的客人获得高度的当地化体验。

个人营销即根据个体用户的需求和偏好调整产品和营销策略，也称为一对一营销、大规模定制营销或者单人市场的营销。如携程的定制旅行服务，就属于个人营销。除了定制产品，营销者还可以定制市场营销信息以吸引用户进行一对一的互动。如一对一的短信营销。

三、选择目标市场选择策略时需考虑的因素

选择目标市场选择策略时，企业需考虑许多因素。究竟哪种策略最理想，取决于企业的资源。当资源有限时，集中性目标市场选择策略是最佳选择。

此外，还需考虑产品的差异性和市场的差异程度。观光类旅游产品可以采用无差异性目标市场选择策略，研学、亲子类旅游产品则更适合差异性目标市场选择策略或集中性目标市场选择策略。

产品的生命周期阶段也必须予以考虑。当公司刚导入一款新产品时，只推出一种型号也许更切合实际，此时无差异性目标市场选择策略或集中性目标市场选择策略最为适用。在产品生命周期的成熟阶段，差异性目标市场选择策略将更有意义。

如果大部分购买者都具有相同的偏好、购买相同的数量、对市场营销行为具有相似的反应，无差异性目标市场选择策略就是合适的选择。

竞争者的目标市场选择策略也很重要。当竞争者采用差异性目标市场选择策略或集中性目标市场选择策略时，企业采用无差异性目标市场选择策略无异于自杀。相反，如果竞争对手采用无差异性目标市场选择策略，企业就可以借助差异性目标市场选择策略或集中性目标市场选择策略获得竞争优势。

任务实施

以辩证思维指导目标市场选择工作

辩证思维是指以唯物辩证法为指导，承认矛盾、分析矛盾、抓住关键、找准重点，洞察事物发展规律并自觉按照规律进行思考的思维方式，其核心是运用对立统一规律观察分析事物。用辩证思维来分析问题，最关键的就是要深刻把握事物之间及事物内部的辩证统一关系。具体来说，辩证思维主要包含三个方面。第一，坚持运用“两点论”，一分为二地看问题。即在研究事物矛盾的过程中，既要分析主要矛盾，也要分析次要矛盾；既要看到矛盾的主要方面，也要看到矛盾的次要方面。第二，坚持运用“重点论”，抓住主要矛盾和矛盾的主要方面。即在主要矛盾与次要矛盾和矛盾的主要方面与次要方面中，要坚持抓住主要矛盾和矛盾的主要方面，推动事物的发展，这是唯物辩证法的基本要求。为了抓住主要矛盾和矛盾的主要方面，要有强烈的问题意识，以重大问题为导向，抓住重大问题、关键问题进一步研究思考，找出答案，着力推动解决发展面临的一系列突出矛盾和问题。第三，坚持运用矛盾的普遍性与特殊性原理，具体问题具体分析。

想一想：

1. 在选择旅游目标市场时，要用辩证思维去分析细分市场，选择适合企业自身的目标市场。要抓住旅游供给和旅游需求之间的主要矛盾和矛盾的主要方面，抓住关键、找准重点，以重大问题为导向，具体问题具体分析，寻求以用户价值为导向的市场营销战略。习近平总书记在十九大报告中提出，我国社会主要矛盾已经转化为人民日益增长的美好生活需要和不平衡不充分的发展之间的矛盾。你能说说我国社会主要矛盾在旅游市场中的体现吗？

2.《“十四五”旅游业发展规划》指出，我国将全面进入大众旅游时代，旅游业发展仍处于重要战略机遇期。面对新阶段高质量发展的要求，坚持创新驱动、完善旅游产品供给体系、拓展大众旅游消费体系等成为旅游业未来的重点任务和发展方向。对此你怎么看？对旅游企业选择目标市场，你有怎样的参考建议？

任务实训

实训主题	目标市场选择策略举例分析
实训目的	通过案例研究，学生可以更好地掌握四种目标市场选择策略
实训内容	通过网络查找资料，列举企业无差异性目标市场选择策略、差异性目标市场选择策略、集中性目标市场选择策略、微观目标市场选择策略的成功案例
实操实训	无差异性目标市场选择策略举例： 差异性目标市场选择策略举例： 集中性目标市场选择策略举例： 微观目标市场选择策略举例：

班级＿＿＿＿＿ 姓名＿＿＿＿＿ 学号＿＿＿＿＿ 成绩＿＿＿＿＿

考核评价

班级______ 姓名______ 学号______ 成绩______

知识点和学习评价一览表

序号	知识评价点	自我评价结果			备注
		掌握	基本掌握	未掌握	
1	评价细分市场时需考虑的因素				
2	无差异性目标市场选择策略				
3	差异性目标市场选择策略				
4	集中性目标市场选择策略				
5	微观目标市场选择策略				
6	选择目标市场选择策略时需考虑的因素				
7	你认为本任务最有价值的内容是什么？对你有什么启发？				

任务拓展

数字资源：旅游消费人群变化的三股力量

任务三 实施市场定位

任务准备

一、认识旅游市场定位

什么是市场定位？市场定位就是确定产品或品牌最终要在消费者心目中建立的位置，显示出与竞争对手不同的特性。明确的市场定位有助于企业在消费者购买选择时达到“舍我其谁”的效果。

我们可以将旅游市场定位理解为，旅游企业设计出自己的产品和形象，从而在目标客户心中确定与众不同的有价值地位的行动。旅游市场定位战略的最后结果是成功地创造出一个市场导向的价值建议，其实质就是向用户提出一个他们应该购买该产品的强烈的理由。

为什么要进行市场定位？因为“在这个传播过度的丛林里，获得大成功的唯一希望是要有选择性、缩小目标，分门别类。简言之，就是定位”。定位学专家杰克·特劳特（Jack Trout）与艾·里斯（Al Ries）合著的《22条商规》中有这样一条认知定律——“市场并不存在客观现实性，更不存在更好的产品。存在的只是用户或者潜在用户心智中的认知。只有这种认知才是事实，其他的都是幻觉”，这讲的就是一个清晰独特的市场定位的重要性。

如何进行市场定位？定位的基础是差异化，但差异化适用于产品，而定位则针对用户的心。在信息爆炸的时代，要想在用户大脑里留下印象，最好的策略是“不做第一，就做唯一”。

什么是唯一？就是独特的销售主张，即卖点，是企业产品或服务区别于竞争者的独特、显著的个性。

学习微平台

案例分享 2-2
舒肤佳后来居上

二、旅游市场定位的方式

旅游市场定位可以从三个角度进行，目标市场角度、企业自身角度及竞争者角度。具体见图 2-3。

（一）目标市场角度

从目标市场角度进行定位，瞄准的是消费者，可以利用空隙市场或细分市场的优势，准确进行市场区隔。这种定位方式包括：使用者定位法、功能利益定位法、情感利益定位法、自我表达利益定位法。

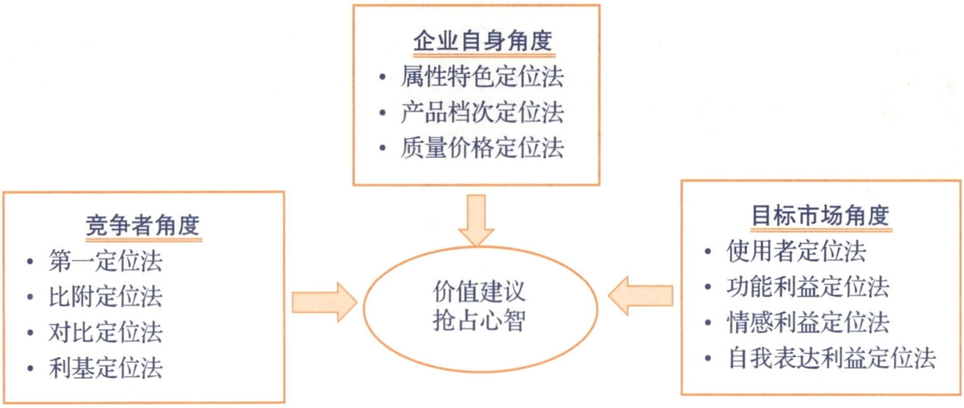

图 2－3 旅游市场定位的方式

学习微平台
案例分享 2-3
乌镇模式

（二）企业自身角度

从企业自身角度进行定位，依据的是企业特点，指从企业形象、品牌塑造入手进行定位。旅游企业可从企业文化，价值观念，员工的能力、知识、言表、可信度，产品质量、价格、特色等方面进行定位。这种定位方式包括：属性特色定位法、产品档次定位法、质量价格定位法。

（三）竞争者角度

从竞争者角度进行定位，是指从竞争对手的情况出发，根据市场竞争情况进行竞争性定位，其目的是凸显品牌的差异性，拉开或拉近与竞争对手的距离，确定旅游企业相对于竞争者的市场位置。这种定位方式包括：第一定位法、比附定位法、对比定位法、利基定位法。

三、旅游市场定位的步骤

旅游市场定位的全过程可以分为三个步骤，见图 2－4。

图 2－4 旅游市场定位的步骤

（一）识别企业的竞争优势

旅游者一般都会选择那些给自己带来最大价值的产品和服务。因此，赢得和留住用户的关键是要比竞争对手更好地理解用户的需要，并向他们提供更多的价值。旅游企业的竞争优势取决于成本优势和产品差异化。要想确定企业的竞争优势，需要具体了解以下问题：竞争对手的产品定位是怎样的？目标市场上旅游者的需要和欲望的满足程度如何，哪些需要和欲望是尚未得到满足的？针对竞争对手的市场定位和目标市场上旅游者需要的利益，企业可以做什么？通过回答以上三个问题，旅游企业就可以找出与竞争对手的差异所在，并由此确定自己的竞争优势。

（二）选择有价值的竞争优势

并不是所有的差异都能成为竞争优势，只有有效的差异才能成为竞争优势，而找到有效差异的方法是“差异过滤”，过滤的方法是运用“有效差异的准则”进行“定位要因分析”（见图 2－5）。

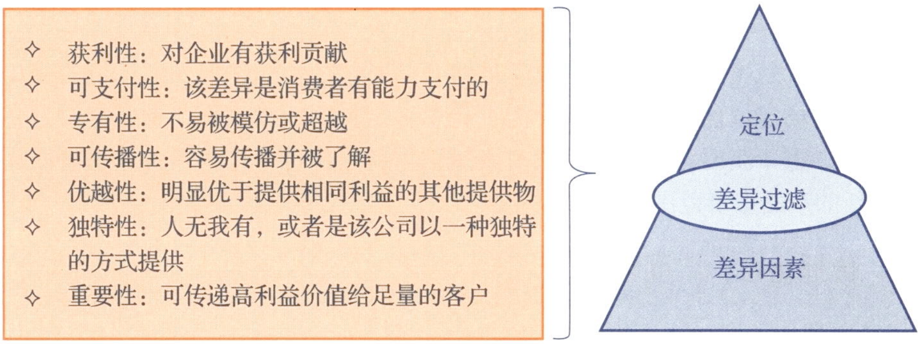

图 2－5　定位要因分析

大多数旅游者对各个旅游企业之间的细微差异并不十分感兴趣，旅游企业也没有必要费时、费力去深入探求每一处的不同。一般来说，旅游企业只需要对那些最能体现企业风格、最适合目标市场需要之处进行必要宣传即可。这就要求企业确定需要突出多少种差异和需要突出哪些差异。

（三）传播企业的市场定位

在确定了市场定位后，旅游企业须将它准确无误地传递给目标旅游者，使其独特的竞争优势在旅游者心目中留下深刻印象。旅游企业要通过营销活动使目标旅游者了解、熟悉、认同本企业的市场定位，并在旅游者心目中建立与其定位相一致的形象。此外，旅游企业还要不断强化其市场形象并保持与目标旅游者的沟通，以巩固其市场地位。如果目标旅游者对企业市场定位的理解出现偏差，或者由于企业宣传上的失误而造成目标旅游者的误会，企业则要及时纠正与其市场定位不一致的形象。

四、旅游市场定位的策略

（一）避强定位

避强定位即避开强有力的竞争对手进行市场定位的策略。其优点是能够迅速地在市场上站稳脚跟，并在旅游者心中尽快树立起一定的形象。由于这种定位方式市场风险较小，成功率较高，因此为多数旅游企业所采用。

（二）竞争定位

这是一种以强对强的市场定位方法，即将本企业形象或产品形象确定在与竞争者相似的位置上，与竞争者争夺同一目标市场。采用竞争定位应具备的条件是：旅游企业能比竞争对手设计出质量更好或成本更低的旅游产品；市场容量大，能容纳两个或两个以上的竞争者；旅游企业拥有比竞争对手更多的资源和能力。这种定位策略存在一定风险，但能够激励企业以较高的目标要求自己奋发向上。

（三）创新定位

创新定位指寻找新的尚未被占领但有潜在市场需求的位置，填补市场上的空缺，生产市场上没有的、具备某种特色的产品。

（四）重新定位

重新定位就是先前定位不准确或者虽然开始时定位恰当，但外部环境的变化导致企业原先的市场定位已经不合时宜，需重新思考定位。一般来说，重新定位是企业摆脱经营困境、重新获得竞争力的手段。当然，重新定位也可作为一种战术手段，可能是发现了新的产品市场范围引起的。

五、传播定位，广而告之

（一）定位一定要能被人感知

在确定了市场定位后，旅游企业就必须把它准确无误地传递给目标客户，使其独特的竞争优势在客户心目中留下深刻印象。

学习微平台

案例分享 2-4
“白加黑”治疗感冒，黑白分明

（二）旅游市场定位传播的特点

1. 动态性

定位的传播执行是一个动态过程，需要不断地根据实际情况进行调整。无论多么周密细致的计划，即使经过多次论证和实验，在传播执行时也可能会与实际情况存在差异。

2. 创造性

定位传播要注意传播过程中的创造性，在传播执行时需要充分发挥主动性和创造性。要搭建社区平台，让客户充分参与，合作完成品牌定位的确立与传播。

3. 广泛的影响性

定位传播要注意传播执行具有广泛的影响性，要考虑对社会的影响。

（三）定位传播的三大诀窍

1. 围绕定位整合传播

确定了旅游市场定位后，一切营销手段都要支持这一定位，向消费者传递一致的信息。

2. 简单就是营销力

哈佛大学心理学家乔治·米勒（George Miller）说：“普通人的大脑无法同时处理

7 件以上的信息。”所以，定位传播越简洁越好，必须把信息“削”尖了，好让它“钻”进人们的大脑。如“农夫山泉有点甜”“我们不生产水，我们只是大自然的搬运工”就是非常简单且形象的营销传播概念，让受众很简单明了地接收到其优质天然水源的信息。

3. 重复，重复，再重复

从传播学角度讲，无论是多么有创意的广告，不经过“重复，重复，再重复”，品牌就仍然是一个躺在摇篮里的婴儿。美国南加利福尼亚大学研究人员研究了 1958 年以来《公告牌》排行榜的热门单曲后发现，其实秘密很简单，就是“旋律重复、歌词简单”[①]。

---

① 中新网 . 美研究人员：热门歌曲“魔力”在于旋律重复、歌词简单［EB/OL］.（2015-07-22）［2023-10-08］.https://www.chinanews.com/cul/2015/07-22/7420252.shtml.

任务实施

创新思维破解市场定位

案例 1：精品咖啡，定位创新赢得竞争

速溶咖啡作为一个老品类，在很长一段时间里都是大众的便捷选择，直到近几年精品咖啡崛起，人们才开始意识到原来传统速溶咖啡既不即溶，也不好喝。随着咖啡文化的发展和消费品质需求的升级，雀巢的巨头地位被咖啡新势力如三顿半、永璞等新消费品牌成功撼动。三顿半创新性地定位于做“精品即溶”咖啡，强调产品冷萃和3秒即溶的独特卖点，区别于传统速溶咖啡要热水才能冲泡；永璞则创新性地定位于做“精品便携”咖啡，主打便携咖啡液，饮用时不需要水来冲泡，可以直接加在牛奶、冰激凌、气泡水里面饮用。同时，它们切中了传统速溶咖啡和精品咖啡之间的空白价格带，以低于精品咖啡的价格实现了速溶咖啡品质的提升，让更多的人能随时随地在不同的场景下喝到好的速溶咖啡。

案例 2：李宁，逆势之下重启增长

2010年，体育用品品牌李宁提出了“90后李宁”探索品牌年轻化战略，试图拥抱“90后”年轻群体以获得更多的市场份额，但“90后李宁”非主流风格系列产品的推出，没能获得“90后”的广泛认同，更让李宁失去了当时的消费主流“80后”市场。因为品牌定位失利，李宁不仅没能保持品牌增长反而遭遇了市场低迷。转型失败之后的李宁做了一系列商业模式和运营模式的调整以图走出泥潭，并在做了大量消费者调研之后，提出了“中国李宁”的品牌新定位，将产品聚焦于潮流 & 时尚风格，针对年轻人群打出时装周策略。2018年，纽约时装周的惊艳表现让李宁获得了不错的品牌反响。秀场同款一时间成为爆款，社交媒体也被“中国李宁”，李宁“成功转型”“变潮了”“够燃”等刷屏。“中国李宁”的成功，一方面契合了“国货崛起”的时代背景，另一方面也真正做到了贴合年轻人的喜好和需求，重新定位成功。

案例 3：元气森林占据消费者心智，开启极速增长

新消费浪潮之下，健康理念大行其道，元气森林以“无糖气泡水”的定位占据消费者心智，开辟了饮料市场的新赛道，在短短几年之内快速成长为饮料市场的一棵参天大树，2021年“双11”，更是力压可口可乐、百事可乐等传统饮品巨头，夺得销量冠军宝座。

创新思维，是指因时制宜、知难而进、开拓创新的科学思维。“在激烈的国际竞争中，唯创新者进，唯创新者强，唯创新者胜。”习近平总书记多次强调，大到一个国家在世界舞台上站稳脚跟，小到一个地方、一个企业，创新都是引领发展的第一动力。

想一想：案例中的品牌通过创新思维，采取了哪些市场定位方式和定位策略成功实现了品牌突围？

班级 ________ 姓名 ________ 学号 ________ 成绩 ________

任务实训

实训主题	撰写定位陈述
实训目的	通过定位陈述的撰写，学生可以更好地理解市场定位
实训内容	撰写定位陈述，创建独特销售卖点（Unique Selling Proposition，USP）
实操实训	1. 在定位陈述通用格式的空白处填上你的答案（记住，你的定位陈述应该专注于企业所做的事情、服务的对象，以及为客户所带来的特殊价值，且只专注于一个承诺）： 我们为想要________（企业产品或服务所能解决的独特需求）的________（企业理想的客户）提供________（企业产品或服务）
	2. 交换定位陈述，并点评： ____ ____

班级 ________ 姓名 ________ 学号 ________ 成绩 ________

考核评价

班级________ 姓名________ 学号________ 成绩________

知识点和学习评价一览表

序号	知识评价点	自我评价结果			备注
		掌握	基本掌握	未掌握	
1	旅游市场定位的概念				
2	旅游市场定位的方式				
3	旅游市场定位的步骤				
4	旅游市场定位的策略				
5	定位传播的三大诀窍				
6	你认为本任务最有价值的内容是什么？对你有什么启发？				

任务拓展

数字资源：旅游企业的市场定位策略

项目三 开展调研

项目导读

调查研究是谋事之基、成事之道。没有调查，就没有发言权，更没有决策权。对于旅游营销者来说，不论是对市场需求的变化动向、目标消费者的类型与特征、目标消费者的购买行为、有关产品的受欢迎程度、消费者对特定营销举措的反应等诸多情况的了解，还是营销战略的制定及行动方案的策划，几乎都以营销调研为基础。因此，本项目将重点介绍有关营销调研的知识和开展营销调研的工作手段，以帮助学生掌握营销调研的方法，学会对调研结果进行分析，并能撰写调研报告。

学习目标

1. 了解营销调研的定义、作用及依据调研信息与凭借经验判断的关系。
2. 熟悉营销调研的类型和营销调研的工作过程。
3. 掌握收集一手资料的方法。
4. 掌握调查问卷的结构、设计要点和提问方式。
5. 掌握调研报告的结构以及统计图表的绘制。

思维导图

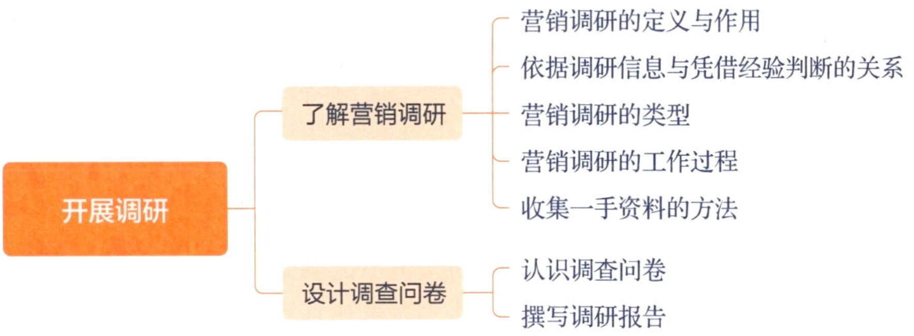

任务一 了解营销调研

任务准备

一、营销调研的定义与作用

（一）营销调研的定义

什么是营销调研？简单来说，营销调研就是对有关市场营销工作的问题或现象进行调查和研究，其中既涉及对所需信息或数据的收集与分析，也涉及对某些特定问题或现象的系统探究。

（二）营销调研的作用

营销调研在市场营销工作中的作用主要体现在以下三个方面：

第一，营销调研是市场营销工作有效开展的信息基础。当今旅游市场需求随时变化，供给竞争激烈，仅凭个人直觉或猜测去决策，往往难以成功。通过营销调研可以及时了解旅游市场发展态势，掌握旅游市场营销环境、旅游市场需求与供给状况等有关信息，分析有利于企业自身发展的市场机会。

第二，营销调研有助于企业进行科学决策。管理者如果仅凭着自己的直觉或经验去开展工作，可能会忽视市场营销宏观环境的变化所带来的影响，造成决策失误，从而给企业带来风险。营销调研可使管理者将营销决策建立在相关调研信息和客观数据的基础之上，有助于减小决策的误差，降低决策失误带来的风险。

第三，营销调研有助于提高管理者的决策工作效率。营销调研服务于管理者的决策工作。针对所要解决的问题开展的营销调研及在分析调查的基础上提出的若干备选方案，可以让管理者在就问题的解决方案进行决策时能够将注意力集中于做出权衡，无须过多地耗费时间和精力分析信息和数据，从而有效提高决策效率。

学习微平台

延伸阅读 3-1 调查研究的五个要求

营销调研的作用在于为管理者的决策工作提供参考依据，降低其决策失误的风险，以及提高决策工作的效率。但调研工作的开展以及调研信息或数据的获得并不足以保证决策的正确，大量的事实表明，由于个人素质和能力的差异，即便面对同一调研信息或数据资料，不同的人也可能会做出不同的分析和判断，从而得出不同的结论。因此，在重视营销调研工作的同时，我们还应明白，无论营销调研工作多么重要，它都只是管理者的辅助工具，而绝不能代替管理者[1]。

二、依据调研信息与凭借经验判断的关系

营销调研是市场营销工作有效开展的先决条件，是管理者进行决策的信息基础。但这并不意味着在企业的日常经营和管理中，任何一项决策都必须建立在专项调研的基础上。在旅游企业的日常经营中，有不少决策实际上是管理者依据并不十分充分的信息做出的，甚至是依靠自己的经验来判断的。这不意味着管理者不懂得营销调研的重要性，或者不重视营销调研，而是反映了这样一个事实：在旅游企业的日常经营中，对于某些战术性营销决策，管理者可以凭借经验判断去制定，在有些情况下可能确实有必要这样做。对于营销调研的必要性，不可过于机械地理解。

一般来说，就战术性营销决策而言，对于是否有必要开展营销调研，管理者可从两方面进行综合考虑。一方面，管理者需要考虑企业需要为此付出的代价，不妨回答两个问题：一是该调研项目需要多长时间才能完成，进行该调研项目是否会贻误营销时机？二是实施该调研项目企业需支付多少费用，企业是否有足够的财力并且愿意支付这笔费用？如果时间足够，企业也能够而且愿意支付调研费用，那么管理者就需要从另一方面去考虑和权衡开展该项调研的得与失，也就是说，管理者需要就该调研项目所需付出的费用与调研成果可能带来的经济收益进行比较和权衡。如果调研成果带给企业的所得远远大于该项调研的费用，那么在决策之前，管理者就应安排专项调研。否则，调研就失去了意义，管理者凭借自己的经验判断去进行决策自然就成了合理的选择。

对于对企业今后的经营和发展具有长远影响的战略性营销决策，管理者在进行决策之前，付出一定的代价去开展专项调研还是有必要的。

三、营销调研的类型

（一）第一手调研与第二手调研

按照开展营销调研工作时所使用的信息来源，可将营销调研分为第一手调研与第二手调研。

第一手调研使用的是一手资料，只要收集资料的方法和工作过程不出偏差，资料的可靠性和时效性通常都很强。这是第一手调研最为突出的优点。但其缺点也显而易见，即调研过程中收集原始资料的任务很重，不仅耗时较长，而且开支较大。因此，人们通常只在第二手调研行不通或不奏效的情况下才进行第一手调研。

第二手调研又称案头调研，泛指人们利用现成的二手资料，就某一需要解决的问题开展的调研工作。二手资料是指由单位、其他组织或个人此前因其他目的而收集，但可为当前调研项目所用的数据和信息资料。简单来说，就是研究人员无须开展原始调查便能获得并值得借用的各种现成的相关数据和信息资料。二手资源的来源可以是单位内部，也可以是外部。内部资料来源包括企业的有关营业档案、财务报表、文件记录、数据库、相关调研报告等；外部资料来源涉及所有公开发表可供参考使用的信

① 沈雪瑞，李天元，曲颖 . 旅游市场营销［M］.3 版 . 北京：中国人民大学出版社，2022：100.

息资料，包括政府机构的有关统计资料、行业协会的有关调查报告、第三方平台的大数据分析，以及由社会团体和个人出版的各种相关的研究成果等。

第二手调研的主要优点在于：获取信息资料的速度快，节省时间，耗资少，操作相对容易。缺点在于：（1）时效性差，信息常会过时；（2）信息可靠性低，需对资料来源的可信性进行查证；（3）资料数据的可比性存疑，由于各种信息所采用的统计口径和统计方法不同，数据可能无法直接比对，需要根据统计口径的差异做适当的修订才具有可比性。

（二）定量调研与定性调研

根据所用调研方法的性质，可将营销调研分为定量调研和定性调研。

定量调研是一种对一定数量的有代表性的样本，进行封闭式（结构性的）问卷访问，然后对调查的数据进行计算机的录入、整理和分析，并撰写报告的调研方法。它通常以事先设计好的调查问卷为基础。调查问卷本身的设计质量和所选取的调查样本是否具有代表性，是借助调查问卷开展定量调研能否成功的关键。

调查工作中使用的调查样本可分为两类：一类是概率性样本；另一类是非概率性样本。两者的区别在于，概率性样本的取样，样本框中的所有样本有相同的中选概率；而非概率性样本的抽取是出于方便或依据判断进行的，样本框中的所有样本并没有相同的中选概率，它是一种主观的取样方法。样本的选取方法，具体见表 3－1。

表 3－1　样本的选取方法

样本分类	选取样本的技术		操作步骤
概率性样本	简单随机抽样法	抽签法	（1）对样本框中的所有个体进行编号 （2）随机抽号 （3）抽出的个体即组成调查样本
		随机数表法	（1）对样本框中的所有个体进行编号 （2）选用随机数表上的任意一个数字，按照自上而下或自左而右、逐行或逐列、隔行或隔列的顺序，抽取与该数字相对应的个体 （3）将所有选出的个体组成调查样本
		系统抽样法	（1）每隔一定的数字选取一个个体 （2）将所有选中的个体组成调查样本
	分层随机抽样法		（1）将样本框中的调查对象细分为不同的子群 （2）从每个子群中随机地选取样本
	分群随机抽样法		（1）将拟作为调查对象的个体细分为若干子群 （2）随机地将某些子群选作调查对象
非概率性样本	配额抽样法		（1）按一定的标准将总体样本分类或分层 （2）确定需要从各类（或层）中抽取的样本数 （3）在配额内非随机地抽选样本
	便利抽样法		在特定的时间和地点选取样本

虽然概率抽样或随机抽样是一种比较理想的抽样方法，但由于相比某地居民，旅游者的流动性很大，掌握旅游者样本总体情况是非常困难的，因而在旅游营销调研中常常会综合使用概率抽样与非概率抽样，例如使用概率抽样选择抽样地点，再使用非概率抽样选取样本。

定性调研是指在没有任何给定的备选答案可供参考的情形下，让被调查者畅所欲言，然后对不能被量化的数据或者不能用数字概括的数据进行收集、分析和解释，并撰写报告的调研方法。定性调研主要包括小组讨论和深入访谈等方法，一般应用于研究对某个问题的观点、意见和理解。

相比定量调研，在探索诸如消费者的态度、感知、兴趣、动机等深层次的认知领域，定性调研是相对可靠的途径。因为，调研人员无法完全预知被调查者会从哪些角度考虑和回答此类问题，定量调研所拟定的选项很可能没有将真正为消费者所看重的观点包含进去。在这种情况下，定性调研可帮助营销者了解目标消费者的真实想法，知道旅游消费者真正看重和关心的是什么。在设计有关旅游产品的广告语及宣传标题方面，定性调研的用处特别大。因为这种源自目标消费者语言的产品广告语或宣传标题，不仅在主题上能够表达到位，而且在表述上比较简洁生动，容易被目标消费者所注意并记住。

学习微平台

延伸阅读 3-2
调研的类型

为了进一步验证定性调研中的发现，营销者还可以基于这些发现进一步设计和组织定量调研，根据这些发现设计与调查问题有关的各种备选答案。在实际旅游营销调研中，定性调研和定量调研相结合，是比较好的调研方式。

四、营销调研的工作过程

营销调研的工作过程大致可以分为六个阶段，见图 3-1。

图 3-1　营销调研过程的六个阶段

（一）确定调研目标

在营销调研过程中，第一阶段的工作任务就是确定调研目的和调研活动范围，从而就调研项目所要解决的问题形成比较具体的调研目标。这些目标在形式上往往表现为需要在调研过程中加以测量和检验的某个或某些假设。譬如，某酒店计划增设非遗主题体验活动，假设“住店客人，特别是亲子家庭会对非遗主题体验活动感兴趣”。酒店希望通过调研来测试这一假设是否成立。那么该调研工作的目标就是：对这一假设是否成立进行测试。

（二）制订调研计划

营销调研第二阶段的工作是制订调研计划。调研计划的内容主要包括：

（1）调研项目的时间进度安排。

（2）所需的经费预算。

（3）目前已有二手资料的情况。

（4）需要进一步收集哪些二手资料和一手资料。

（5）收集一手资料时拟采用的调查方法。

（6）调研项目是由旅游组织或企业自己开展，还是委托外部机构代理。

（三）检索信息源

营销调研第三阶段的工作是检索可利用的信息源。虽然在调研过程中被划作第三阶段，但在实际操作中这一阶段的工作和第二阶段的工作几乎是同时开展的。这一阶段的工作任务是检索和评价各种现有的可用信息源，包括企业内部和外部的信息源。这项工作的开展有助于判断是否有必要进一步收集一手资料。

（四）收集调研资料

营销调研第四阶段的工作是收集调研资料。在这一阶段，调研人员首先要确定收集哪些类型的资料。除了收集二手资料，还需要判断是否有必要收集一手资料；在有必要收集一手资料的情况下，还要考虑经费预算的制约，判断哪些资料的收集对于该项调研最重要，以及采用何种方法收集一手资料。商业性调查公司的做法通常是先做小规模的调查试验，对拟采用的各种调查方法进行测试，然后根据测试结果确定实施第一手调研所使用的方法。

（五）分析调研资料

营销调研第五阶段的工作是分析调研资料，即根据所选用的分析方法对获得的各项调研资料进行定性分析或定量分析。

（六）解释调研结果

营销调研最后阶段的工作是解释调研中的发现，并将调研结果整理成文字报告。营销调研的根本目的在于为营销决策工作提供信息，因此，调研报告的撰写形式必须方便决策者使用这些调研结果，就有关问题做出决策。这意味着调研报告要简明扼要，要点突出，给出结论，说明观点。

五、收集一手资料的方法

（一）定量调研常用的资料收集方法

1. 面对面访谈

面对面访谈是应用最普遍的一种调查方法。它可以根据需要在任何选定的地点进行。开展面对面访谈时，所提的问题既可以是附有备选答案的封闭式问题，也可以是旨在听取被调查者意见的开放式问题。

优点：（1）开展方式比较灵活。（2）可使调查人员获得额外的相关信息。（3）便于控制样本。（4）调查结果质量高。

缺点：（1）成本相对较高。（2）所需时间较长。（3）被调查者回答问题时有可能受到访谈人员个人偏见的影响。

2. 现场自填式问卷调查

通过现场自填式问卷调查收集所需的一手资料的方法目前普遍为饭店、旅游景点、航空公司等旅游企业所采用。通常的做法是：在用户来访停留期间或者行将离开时，调查人员要求他们填写事先准备好的调查问卷，以获得他们的意见反馈。其最典型的用途是，旅游企业可根据用户填写调查问卷的情况，评价他们对企业服务的满意度。

优点：（1）调查对象为到访的用户，无须费力设计调查样本。（2）调查时间的安排比较灵活。（3）无须使用很多调查人员，成本较低。

缺点：（1）调查人员与被调查者一般不发生直接接触，调查过程不如面对面访谈灵活。（2）有些被调查者填写问卷不够认真，会影响调查结果的质量。

3. 电话调查

随着现代科学技术的发展，在计算机的辅助下随机拨号开展电话调查越来越方便。调查人员将调查问卷的内容输入计算机，便可直接从显示屏上读取所要调查的问题，借助某一专用按键，或者仅需轻触一下屏幕，就可及时将被调查者的答案选项录入计算机，留待之后进行整理和分析。

优点：与面对面访谈相比，电话调查的调查速度比较快，成本相对较低。

缺点：电话调查不如面对面访谈灵活，调查过程中调查人员与被调查者交谈的时间通常很短。

4. 邮寄式调查

邮寄式调查是指调查人员将调查问卷邮寄给经过认真选择的被调查者，要求他们填写完毕之后，在某一规定日期之前将调查问卷寄回。调查人员在寄送调查问卷时通常会附上一份填写说明、一份为填写者保密的承诺书，并附上一个邮资已付的信封，供被调查者回寄问卷时使用。在开展邮寄式调查时，调查人员应注意的事项主要包括：要有一份合适的邮寄名单；调查问卷的内容应简短，一般不超过三页；对调查内容的行文措辞应谨慎斟酌，确保被调查者不会误解。

优点：（1）在所需调查的地域范围很大、调查人员难以与被调查者直接接触的情况下，这一调查方式具有很大的优势。（2）调查问卷由被调查者自行填写，不存在面对面访谈中因调查人员的个人偏见而误导被调查者的情况。（3）被调查者能够在自己方便的时候填写调查问卷。

缺点：邮寄式调查的最大缺点是回收率低。按照国际上的一般经验，这种调查问卷的回收率能达到 30% 就很不错了。

5. 互联网调查

数字化时代，在线问卷调查已成为常用的市场调查手段。国内有问卷星、问卷网、调研家、乐调查、云调查、调查派等多家平台向企业和个人提供专业的在线问卷调查服务。

优点：（1）操作更加高效。在线问卷调查具有节约成本，快速回收，以及数据高效下载、存储与分析等优点。（2）可节约费用。主要体现为对传统纸质问卷打印耗材的节约，以及对因调研产生的人工、交通、住宿、餐饮等费用支出的节省等。

缺点：（1）调查人员征募网上被调查者越来越困难。（2）样本的代表性是一个潜在的问题。已有研究显示，在线问卷调查的被调查者多为中青年，且多为高学历、高收入、高职位人群，这容易导致调研样本偏差。（3）调查人员需要接受专门的训练，否则如果所使用的取样方法有问题，得出的调查结果就不可靠。

（二）定性调研常用的资料收集方法

1. 深度访谈

深度访谈与面对面访谈很相似，通常也是以面对面的形式开展调查。在深度访谈中，调查人员受命就某一项或某几项调查专题分别与为数不多的几名被调查者进行深入访谈。由于开展定性访谈的目的是了解情况而不是测量，因此调查样本的规模不必很大，只要具有代表性即可。在旅游营销调研中，这一调查方式的典型用途是探寻旅游消费者的购买动机，以及旅游消费者对特定旅游产品的感知和态度等深层次问题。在与被调查者进行访谈的过程中，调查人员虽然也会就访谈内容做必要的引导，但不必事先拟好调查问卷，也没有可供被调查者参考的备选答案，整个访谈过程从始至终都保持自由聊天的轻松氛围，使被调查者能够就有关话题畅所欲言。为了深度访谈的顺利开展，调查人员最好根据调研任务的实际情况事先拟定访谈提纲，避免访谈中遗漏关键问题。特别是多名调查人员就某一访谈任务分别针对不同被调查者开展访谈时，访谈提纲将为各调查人员提供操作指南，并且便于访谈结果的有效汇总和横向比较。

2. 中心组座谈

中心组座谈指的是调查人员将为数不多的被调查者（一般为 8 ～ 12 人）组织到一起，围绕特定的话题展开座谈和讨论。中心组座谈又称焦点小组访谈，主要应用于有关市场需求问题的探索性调研，具体来讲，主要是用于探讨旅游消费者的动机与购买行为，为日后开展相关的定量调研建立参量。在旅游调研中，比较典型的座谈话题包括：（1）对于某一拟建的旅游景点或拟开发的服务项目，旅游消费者最看重的是哪些方面？最不看重的又是哪些方面？（2）对于拟推出的某一广告主题或广告活动，旅游消费者将会做何反应？（3）对于拟在某个环境敏感地区开发的某一旅游项目，社会公众可能会做何反应？开展中心组座谈时，组织者需要指定一人担任主持人，其任务是鼓励大家发言。

学习微平台

延伸阅读 3-3
中心组座谈主持人的工作要点和注意事项

3. 德尔菲法

德尔菲法也称为专家意见法，是指就某一需要解决的复杂问题鼓励一组专家分别发表自己的看法或评价意见。在调查期间，这些专家既不集合起来开会，也不知道参加者有哪些人。在开展调查时，调查人员要做的第一项重要工作就是物色一组肯为该调查项目尽力，并对相关问题有真知灼见的专家。在此基础上，调查人员将事先设计好的调查问卷分别呈送给每一位专家，然后将专家填写后的问卷按期收回，由该调查项目的主持人对第一轮的填写结果进行评价。根据评价结果，项目主持人再设计第二份调查问卷，并由调查人员将第二份问卷连同项目主持人对第一轮调查结果的评价，再一次分送给各位专家。在这一轮调查中，各位专家可参考项目主持人对第一轮调查结果的反馈意见，重新思考自己最初填写的答案，填写第二份调查问卷。依次类推，调查工作一轮一轮地持续进行，直至各位专家在互不通气、彼此不受影响的前提下，对该问题的答案认识趋同。德尔菲法的主要优点是能够以合理的代价获得对所调查问题的客观见解。缺点在于：物色理想的专家有一定的难度；整个调查过程历时较长，要说服这些专家坚持下来也有难度；调查项目主持人对每轮调查结果所做的汇总和评价，可能会出现认识偏颇的问题。

4. 观察法

观察法是调查人员收集一手资料的一种调查方法，其实施方式可分为两种：直接观察和间接观察。直接观察指的是调查人员到现场对被调查者的行为进行观察以获取信息。间接观察指的是调查人员通过对被调查者的行为进行非直接的观察，从而发现和掌握有关的信息。譬如，在欧美地区，餐馆经营者为了及时地了解自己的菜品是否受用户欢迎，会定期去盛放残羹剩饭的垃圾桶前看上几眼，通过观察有关菜品被用户遗弃的情况，推知哪些菜品可能不太符合用户的口味，应当撤换。在有些情况下，调查人员也可利用机器设备去观察。譬如，为了测量某城市的客流情况，调查人员往往会在进入该城市的主要路口处设置专用的记录器，计算进入该市的外地汽车数量，并记录这些车辆经过的时间。同样，调查人员也可在旅游景区景点的入口处设置自动计数器，以记录来访游客的人数。观察法的优点是：调查结果准确客观，并能够记录消费者的行为。缺点是：成本较高，主要是因为并非所有人员都能胜任观察任务，需要对相关人员进行培训；不能仅凭一次观察便得出最终结论，一般需经过多次观察，因而整个观察期较长；在有些情况下，需要使用一定的辅助设备。这些都将增加利用观察法开展调查的成本。

5. 实验法

实验法主要用于调查或测量某一变量的变化对其他变量的影响。在自然科学研究中，这种方法很常用。在旅游业的营销调研工作中，这一方法的应用还不多。实际上，旅游经营者可通过广告实验、价格实验或者构建仿真模型等辅助有关的决策工作。比如，在确定旅游宣传册的封面设计方案时，营销者可采用实验法将不同的方案呈现给潜在目标市场人群，测试人们对每一种方案的感兴趣程度，据此确定哪一种封面最具感染力。再比如，在调查旅游产品价格对销售量的影响程度时，可以在试销时逐步变动价格，通过比较不同价格水平下销售量是否存在显著差异来确认价格变动是否对销量有显著影响。事实上，这类测试性营销目前很成功。随着时间的推移，实验法在旅游营销调研中的应用将会逐渐增多。需要注意的是，采用实验法获得调研结论常常需要其他统计分析方法的配合。

任务实施

旅游市场营销调研方法

2022 年，浙江旅游职业学院三人众营销策划工作室在指导老师带领下，协助杭州市文化广电旅游局开展《非物质文化遗产特色酒店和民宿评价规范》地方标准起草及创建评审的行业调研工作。

工作室成立了 3 个调研小组，分组前往创建培育单位，请相关酒店、民宿的经营者和管理人员现场填写问卷，同时工作室还通过网络在杭州市范围内广泛征求酒店、民宿的相关意见。

工作室还查找了大量网络文献、国内外相关标准和期刊研究文献，对目前旅游住宿业的标准制定情况进行了文献梳理和分析研究。

工作室协助杭州市文化广电旅游局召开了由各区、县（市）文化和广电旅游体育局负责非遗工作的科长或中心主任，以及首批非遗特色酒店（民宿）培育单位负责人、杭州市饭店行业协会秘书长、杭州民宿协会秘书长、起草单位代表、评审专家等参加的不同类型的座谈会，集中征求意见，讨论问题。

工作室还开展了暗访工作，实地走访了 21 家创建培育单位，摸清楚了创建培育单位各方面的实际情况，为创建培育工作推进开展及标准制定和评审奠定了坚实基础。

想一想：上述案例中运用了哪些资料收集方法？

班级 ________ 姓名 ________ 学号 ________ 成绩 ________

任务实训

实训主题	乡村旅游市场营销调研
实训目的	通过案例实践，学生掌握营销调研的内容、过程和主要方法
实训内容	对浙江乡村旅游市场开展调研分析，需确定调研目的和目标、制订调研计划、在假定经费预算有限的情况下确定调研范围和拟采用的调研方法
实操实训	1. 营销调研的工作过程大致可分为哪几个阶段?
	2. 营销调研的内容包括（　　）。 A. 旅游目的 B. 出游的信息来源 C. 出游方式 D. 出游交通工具 E. 停留时间 F. 满意程度 G. 其他________________
	3. 营销调研的目的和目标：
	4. 调研的样本范围：
	5. 所需的经费预算：
	6. 拟采用的调研方法：

班级________　姓名________　学号________　成绩________

考核评价

班级______ 姓名______ 学号______ 成绩______

知识点和学习评价一览表

序号	知识评价点	自我评价结果			备注
		掌握	基本掌握	未掌握	
1	营销调研的定义与作用				
2	依据调研信息与凭借经验判断的关系				
3	营销调研的类型				
4	营销调研的工作过程				
5	收集一手资料的方法				
6	你认为本任务最有价值的内容是什么？对你有什么启发？				

任务拓展

数字资源：抽样调查方法运用举例

任务二　设计调查问卷

任务准备

一、认识调查问卷

（一）调查问卷的结构

调查问卷的设计并没有统一的固定标准。由于调研工作在所针对的课题、收集的信息类型、面向的调查对象等方面不尽相同，调查问卷的具体设计也会有差异。

一般来说，调查问卷由问卷标题、问卷说明、被调查者的基本情况、调查主题内容、编码五部分组成。

学习微平台

案例分享 3-1
调查问卷
标题和说明

（二）调查问卷的设计要点

1. 问卷的长度

（1）尽可能简短。

（2）所提问题的表述务必简短、扼要。

2. 版面的安排

（1）标明调查日期。

（2）将有关个人隐私的问题（如收入、年龄等）安排到最后提问。

（3）对于调查人员对各项问题的调查情况应如何进行记录，或被调查者应如何回答，提供指导性说明。

（4）在某些问题的备选答案中，必要时要提供“不知道”或“无可置评”之类的选项。

3. 所调查问题的措辞

（1）每例只问一个问题。

（2）问题的内容要尽可能具体。

（3）避免使用常人难懂的技术术语。

（4）使用语义清楚的措辞。

（5）在备选答案的设计上，要确保各项答案之间不存在内容的重叠（例如，价格区间应设计为 1 ～ 199 元、200 ～ 299 元，而不宜表述为 1 ～ 200 元、200 ～ 300 元）。

（三）调查问卷的提问方式

1. 封闭式问题

封闭式问题是指在调查问卷中已列出可供选择的答案，被调查者只要在相应的答案前填上规定的符号即可。这类问题容易回答，便于统计，但是不易于发现新情况。

封闭式问题常用的提问方法有以下几种：

（1）是非法。

给出两个互相排斥的答案，被调查者选取其中的一个即可。

例：您明年还会到本地旅游吗？（　　）

A. 是　　B. 否

（2）选择法。

给出几个可供选择的答案，被调查者选取其中的一个或几个答案即可。

例：您一年到浙江乡村旅游几次？（　　）

A. 0 次　　B. 1 次　　C. 2 次　　D. 3 次　　E. 4 次

F.5 次及以上

（3）排序法。

给出不同的答案，被调查者根据自己的喜好对答案做出排序。

例：本地最能吸引您前来的因素有哪些？（请按重要性排序）

A. 景色优美　　B. 价格便宜　　C. 旅行安全　　D. 交通便利

E. 文化独特

（4）语义差别分析法。

按照语义的差别给出不同的答案，一般将语义分成五个级别，请被调查者选择。

例：您认为本饭店的服务态度（　　）。

A. 很好　　B. 较好　　C. 一般　　D. 较差　　E. 很差

（5）利克特量表法。

利克特量表是一种常用的衡量态度的量表，是指通过被调查者回答某些问题或填写问卷的自我报告形式，将态度转换为可以度量的数字或等级的测定方法。它可以反映两方面的内容：第一，态度的方向，如是否满意；第二，态度的深度，指被调查者所持某种态度的数量程度。通常将每个问题或短语按照“肯定—否定”的程度分为 5 个等级，如表 3－2 所示。

表 3－2　利克特量表提问设计举例

短语	非常满意	满意	一般	不满意	非常不满意
饭店服务	5	4	3	2	1
饭店设施	5	4	3	2	1
……	5	4	3	2	1

2. 开放式问题

开放式问题是指在问卷中只列出问题而没有可供选择的答案。这类问题能深入了解被调查者的基本情况，但因开放性而削弱了被调查者的合作程度。

开放式问题常用的提问方式有以下几种：

（1）自由回答式。

不做任何提示，请被调查者自由回答。

例 1：您认为本饭店还有哪些方面有待改进？

例 2：对于杭州的非物质文化遗产特色酒店的发展，您有什么意见或建议？

（2）语句完成式。

提供一些不完整的句子，请被调查者续写完整。

例：当您入住某一饭店时，您最看重的是______________________。

（3）文字联想式。

列出有关企业或产品的一组词语，由此及彼，请被调查者写出在他脑海中最先出现或感觉最强烈的企业名称或产品信息。

例 1：国际知名饭店、中国香港著名品牌饭店、在内地各大都市开有连锁店________________________。

或给出调研对象，让被调查者写出在他脑海中最先想到或感觉最强烈的有关调研对象的标签（印象）词语。

例 2：索菲特__________　　欢乐谷__________　　杭州__________

（4）追问式。

通过“追问”，调查人员可以更深层次地了解被调查者的态度、兴趣和感觉，获取更为详细的资料。追问可以分为两类，一类是勘探性追问；另一类是明确性追问，即澄清。前者是在被调查者已经回答的基础上，进一步挖掘、询问问题，目的在于引出被调查者对有关问题的进一步阐述；后者是让被调查者对已回答的内容进一步做详细的解释，目的在于进一步明确被调查者给出的答案。

例 1：

您喜欢这个景区的哪些方面呢？

第一次回答：风景优美。

追问：您还喜欢什么呢？

第二次回答：服务周到。

追问：您还有没有喜欢的呢？

第三次回答：没有了。

例 2：

您喜欢这家酒店吗？

第一次回答：喜欢，不错。

追问：您的“喜欢、不错”指的是？

第二次回答：服务员很热情。

追问：怎么个热情法呢？

第三次回答：会主动打招呼，记住我的名字。

3. 半开半闭式问题

半开半闭式问题是指问卷中给出部分答案的同时，又留有余地，让被调查者自由发挥。这种问卷既方便回答，又容易深入调查研究。

例 1：您认为酒店最重要的是要做到：(　　)。

A. 清洁　B. 安全　C. 服务热情　D. 其他 ＿＿＿＿＿(请填写)

例 2：提到黑龙江冰雪，您的印象是什么？(　　)(可以多选，最少选择 1 项)

A. 寒冷　B. 冰天雪地　C. 滑雪胜地　D. 冰灯艺术之乡

E. 冬奥冠军故乡　F. 冰雪运动发起地　G. 冰上竞技运动摇篮

H. 冰雪装备制造业先驱　I. 其他＿＿＿＿＿(请填写)

二、撰写调研报告

(一) 调研报告的结构

调研报告一般由封面（标题）、摘要、目录、主体和附录组成，见图 3－2。

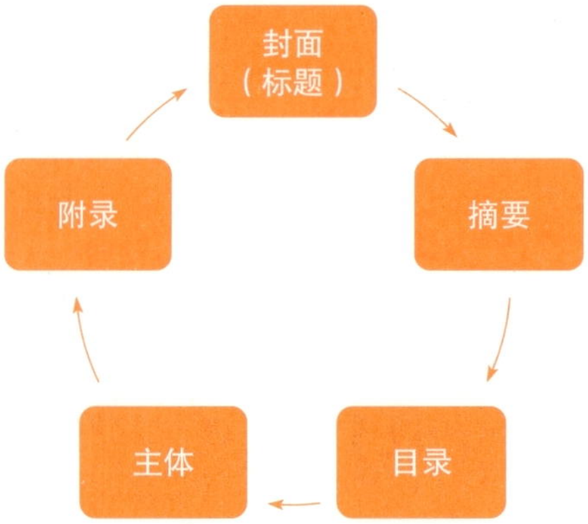

图 3－2　调研报告的结构

调研报告的标题要一目了然，让人知道“是什么”。封面除标题外，还应署名（调研报告撰写方）和署上日期。封面排版要简洁，若有图，要图文相符，不能有关 A 的调研报告配 B 的图片，如浙江乡村旅游市场营销调研配山东乡村风景图片。

摘要是调研报告正文观点的提炼，语言表达宜简短易懂，便于决策者在最短时间内获取关键信息，为决策提供参考。摘要中要简单说明做了什么、怎么做的、得出了怎样的结论。

目录要与报告主体内容框架及其所在页码相呼应，标题层级不宜过多，到二级标题就可以，最多到三级标题。若有附录，也应在目录中列出。多个附录可以用附录 1、附录 2 等表示。

主体是调研报告的主要内容，要详细说明调研的内容、目的和目标、采用的方法、收集的信息、数据分析情况和决策建议。在具体写法上，不同调研报告可以采用不同撰写形式，没有一定之规。

附录主要是调研实施的过程性材料，如调查问卷、访谈大纲、信息收集、参考文献等。

（二）统计图表与分析

统计图表是用于调研报告数据统计的重要工具，相比繁杂的文字叙述，用图示或表格可以更直接明了地反映事物的内在规律性和关联性，便于事物间的对比分析。很多互联网调查问卷可以根据问卷回收情况自动生成各种统计图表，调研报告撰写者可以根据需要，选用适合的图表。

统计图表一般由标题（如“表1 2023春节十大热点目的地排名”“图1 2023春节出行游伴占比”）、标目（横标目和纵标目，即表格中的行标和列标）、线条、数字及必要的文字说明和备注五部分构成。

常用的统计图表有以下几种：

（1）数据表：当数据量较大、种类繁杂、无法用一两个图形来表示时，用数据表展示更直接，如表3－3所示。

表3－3 景区类上市企业营收数据

序号	企业名称	营收（亿元）	同比增长	净利润（亿元）	同比增长
1	黄山旅游	5.97	54.60%	2.08	86.49%
2	丽江股份	2.49	40.53%	0.91	13.31%
3	峨眉山A	3.30	165%	1.16	643.93%
4	桂林旅游	1.71	189.37%	0.36	192.48%
5	长白山	3.30	147.57%	1.39	202.30%
6	西藏旅游	0.85	60.94%	0.22	117.80%
7	*ST西域	1.74	147.55%	0.94	225.61%
8	九华旅游	1.81	31.77%	0.40	19.26%
9	张家界	1.48	81.30%	-0.012	95.52%
10	天目湖	1.92	24.40%	0.58	2.57%
11	三特索道	2.39	103.08%	0.83	587.23%
12	大连圣亚	2.14	127.22%	0.91	382.04%
13	云南旅游	1.27	21.34%	-0.45	-170.52%
14	祥源文旅	5.74	54.79%	1.32	237.72%

（2）扇形统计图：又称饼图，一般反映单一指标的结构、构成等信息，突出整体与局部、相关变量之间的关系。饼图的数值可以为绝对值、百分比，或者两者同时体现。饼图可用于客户构成分析（人口属性等）、不同类型的用户数量分析、不同类型产品的业绩构成分析等，如图3－3所示。饼图也可以采用圆环图的形式，如图3－4所示。

（3）条形图：一般用宽度相同的条形长短反映数值大小，可分为垂直条形图和水平条形图。对于多个指标的多组数据分析，可以使用簇状柱形图。条形图适合用于数据类比，非常直观，如图3－5所示。

（4）折线图：用线段的升降来表示统计指标的变化趋势，表示某一事物或现象的发展、变迁情况，适用于连续性变量，如图3－6所示。绘图时要注意横纵轴比例，因为比例不同，起伏不同，给人带来的印象也不同。

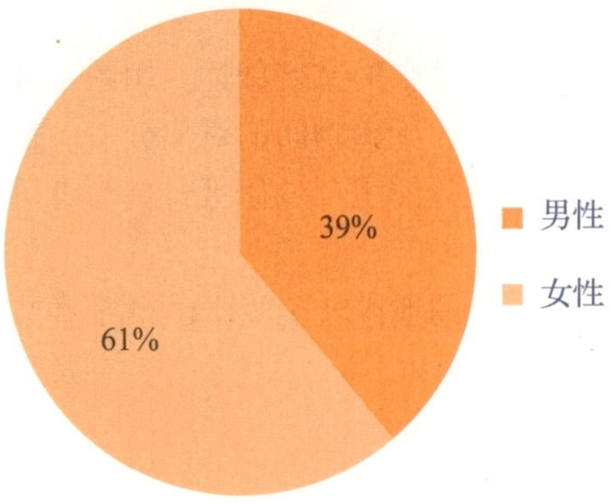

图 3-3　2023 年春节出游性别分布

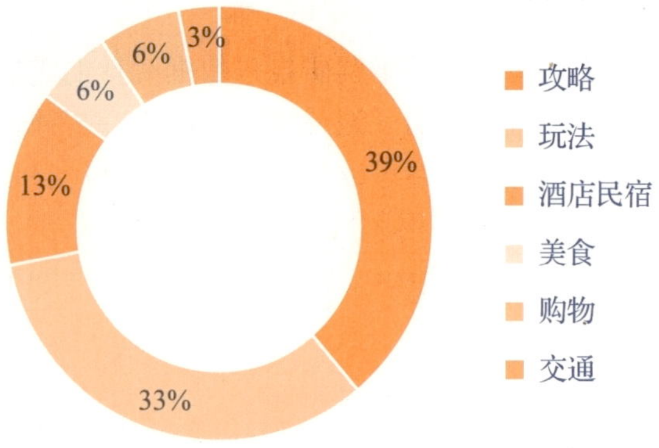

图 3-4　2023 年春节假期搜索意图分布

资料来源：马蜂窝 . 2023 年春节大数据报告 .

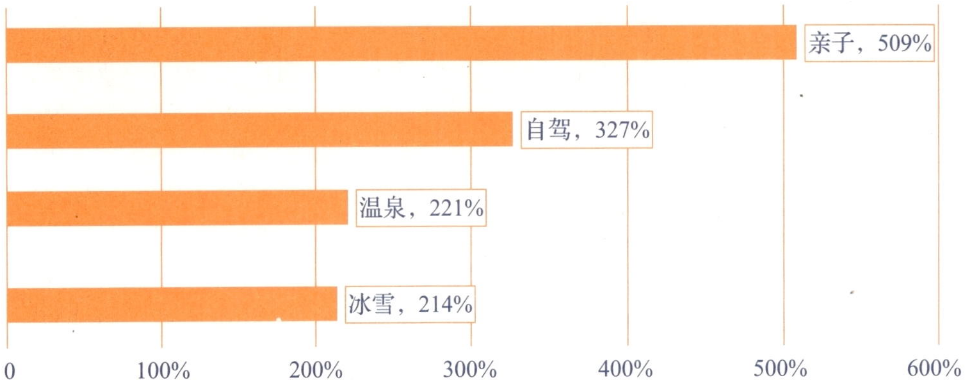

图 3-5　2023 年春节假期主题游热度

资料来源：马蜂窝 . 2023 年春节大数据报告 .

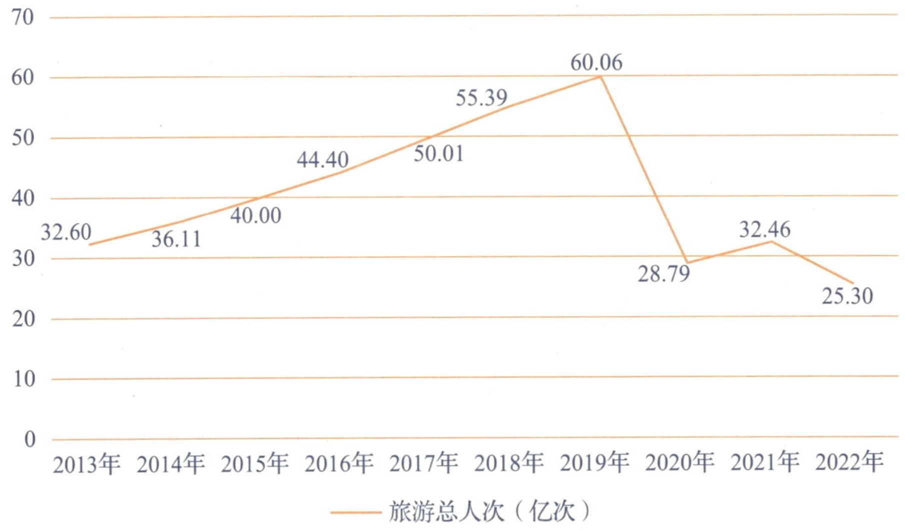

图 3-6　2013—2022 年国内旅游总人次

资料来源：按文化和旅游部（原国家旅游局）每年发布的旅游业数据汇总。

（5）组合图——线柱图：有关联的两个或三个类型不完全相同的指标的变化情况可以使用线柱图来表示。当需要反映同一个问题的两个不同角度，且角度单位不同时，即可采用线柱图，或者两个指标数值相差较大时，也可以采用线柱图，如图 3－7 所示。

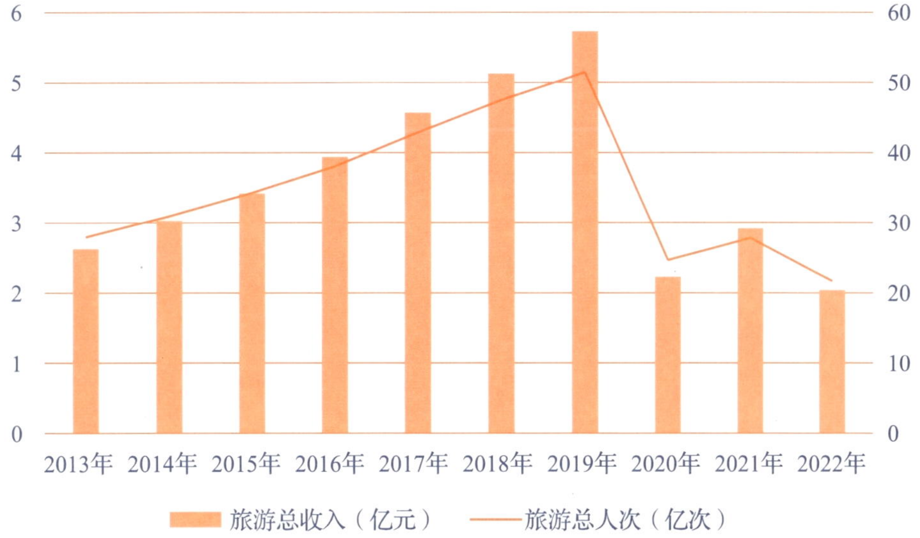

图 3－7 2013—2022 年国内旅游市场规模

资料来源：按文化和旅游部（原国家旅游局）每年发布的旅游业数据汇总。

绘制统计图表需要注意以下基本要求：

（1）一张图表只包括一个中心内容，表达一个主题。

（2）标题、标目等统计名称的安排要层次清楚，符合专业逻辑。

（3）数据要真实准确。

（4）表线和数据标注不要过密。

（三）撰写调研报告需注意的问题

撰写调研报告需注意以下问题：

（1）处理好篇幅和质量的关系。

（2）避免解释不充分或不准确。

（3）把握好资料的取舍。

（4）避免提出不可行的建议。

（5）避免过度使用定量分析。

（6）合理设计版面，要美观。

（7）注意细节，消灭差错。

学习微平台

案例分享 3-2
解读调查数据的重要性

任务实施

调查问卷设计存在的问题

案例：

下面是某星级饭店餐饮部经理为了了解潜在客人的情况而设计的调查问卷的部分内容。

1. 您最近的 200 元收入从何而来？

A. 工资收入　B. 炒股票得来　C. 亲属（如父母）给的

D. 自己卖东西赚的　E. 其他途径

2. 您一般多长时间去饭店就餐一次？

A. 1 ～ 10 天　B. 11 ～ 20 天　C. 21 ～ 30 天

D. 31 ～ 60 天　E. 60 天以上

3. 在 1 周的工作日内，您通常吃几次早餐？

A. 1 次　B. 2 次　C. 3 次

D. 4 次　E. 5 次

4. 您在午餐上平均花费多少钱？

A. 0 ～ 5 元　B. 6 ～ 10 元　C. 11 ～ 15 元

D. 16 ～ 20 元　E. 21 ～ 25 元

5. 去年的 4 月，您是否得到了本饭店特价的优惠券？

是□　否□

6. 在您对本饭店餐饮部的评价中，最重要的和起决定性作用的因素是什么？

想一想：该部分调查问卷内容存在哪些问题？

班级________ 姓名________ 学号________ 成绩________

任务实训

实训主题	“五一”出行意向调研
实训目的	通过实训，学生掌握设计调查问卷时的注意事项和调研报告的撰写形式
实训内容	设计一份“五一”出行意向调查问卷，在自己的微信朋友圈发放，并对调研数据进行统计分析，撰写调研报告。调研报告要求图文并茂，简明扼要，以 PDF 文件的形式提交
实操实训	1. 设计调查问卷 问卷标题： 问卷说明： 开放式问题设计（1～2题）： 封闭式问题设计（1～2题）： 半开半闭式问题设计（1～2题）：
	2. 填写调查问卷的内容框架

班级 ________ 姓名 ________ 学号 ________ 成绩 ________

考核评价

班级________ 姓名________ 学号________ 成绩________

知识点和学习评价一览表

序号	知识评价点	自我评价结果			备注
		掌握	基本掌握	未掌握	
1	调查问卷的结构与设计要点				
2	调查问卷的提问方式				
3	调研报告的结构				
4	统计图表与分析				
5	撰写调研报告需注意的问题				
6	你认为本任务最有价值的内容是什么？对你有什么启发？				

任务拓展

数字资源：互联网问卷调研案例分享

项目四　制订计划

项目导读

美国小型企业管理局（SBA）发布的一项数据显示：约半数小型企业的存活期不足五年。其夭折的主要原因不是缺少资金，而是不懂得制订获取客户的计划。我国有几万家中小型旅游企业，绝大部分是小微企业，而绝大多数企业并不知道该如何制订一份旅游市场营销计划。本项目旨在帮助学习者了解一份合理的营销计划应该包含哪些内容、制订营销计划的必要性、营销计划的编制有哪些步骤，以及执行营销计划应注意哪些问题，知晓如何运用底线思维实施和控制旅游市场营销计划，并能判断营销计划需要重新思考和审视的重要信号。

学习目标

1. 了解编制营销计划的必要性，掌握营销计划的类型和编制程序。

2. 了解年度旅游市场营销计划控制的过程和方法，能判断营销计划需要重新思考和审视的重要信号。

思维导图

- 制订计划
  - 编制营销计划
    - 编制营销计划的必要性
    - 营销计划的类型
    - 营销计划的编制程序
  - 执行营销计划
    - 营销计划执行过程中应注意的问题
    - 年度旅游市场营销计划控制
    - 判断营销计划需要重新思考和审视的重要信号

任务一 编制营销计划

任务准备

一、编制营销计划的必要性

“谋定而后动，知止而有得。”有的人能够站到食物链顶端，并不是因为他们的业务能力最出色，而是因为他们是最优秀的营销专家[①]。为了使经营决策不迷失方向，在激烈的竞争中求得生存和实现发展，任何一个旅游企业或旅游目的地都应该对其市场营销工作进行系统的研究和计划。

编制营销计划能够帮助你做到以下几点：

（1）确定你的产品或服务是否有市场。

（2）识别最有可能购买你的产品或服务的潜在客户。

（3）揭示你的准客户和潜在客户的需求和欲望。

（4）了解你能够为客户提供的独特优势。

（5）生成更多订单，开发更多潜在客户，提高销售额和利润。

（6）研究并接触你想要进入的新市场。

（7）评估营销效果，查找并修复你的战术和战略中的弱点。

营销计划将回答以下典型问题：

（1）刚开始创业，该如何营销？

（2）业务发展遇到瓶颈，该如何扩展客户群？

（3）是否应该在不景气的大环境下增加营销投入？

（4）新竞争对手正在抢夺客户，我们能做什么？

（5）如何向目前的客户推销新服务或新产品？

（6）所属的行业正在发生改变，互联网时代该如何提高竞争力？

（7）价格竞争正在“围剿”我们，我们应该降低价格予以反击吗？

回答了以上问题，你将更了解企业的业务，以及你自己还需要学习哪些东西。

有必要说明的是，我们的目标并不是制订一份完美的营销计划，制订营销计划不是我们的终极目的，计划实践指向的愿景结果才是。所以，在制订营销计划时，我们不需要花费太多的时间去斟字酌句。一份优秀的营销计划应简单且具有灵活性，随业务的发展而变化。年度营销计划里的营销策略不是一成不变的。当你对自己的业务有了更深的了解后，你就能灵活地更新自己的计划。

① 罗伯特·布莱．营销计划全流程执行手册［M］．易文波，译．广州：广东人民出版社，2017：1.

此外，强调营销计划工作的重要性并不意味着否认企业家的直觉和预感在引领企业成功发展方面的作用。在国际学术界，很多学者倡导“企业家 + 计划”这样一种制订营销计划的工作模式，其目的就在于力求将系统地制订计划的科学性与企业家个人的直觉天赋结合起来。对于一个旅游企业来说，科学分析与直觉判断这两者都不可或缺。在采取主动的营销行动方面，直觉判断永远都是营销者至关重要的才能。但如果不受计划目标和既定战略的约束，企业家个人的直觉判断有可能给企业带来毁灭性的灾难。

二、营销计划的类型

（一）战略性营销计划

战略性营销计划是指在分析当前最佳市场机会的基础上，提出旅游企业在未来市场上占有的地位及应采取的措施的中长期营销规划，其执行期通常为未来 3 ～ 5 年或更长时间。根据我国目前的情况，战略性营销计划的执行期比较可取的安排是 5 年，以与我国每 5 年一期的国民经济和社会发展计划相衔接。

就旅游企业而言，战略性营销计划与企业同期内的总体经营计划密不可分。就旅游目的地来说，战略性营销计划与当地同期内的旅游业发展规划有密切关联。战略性营销计划一般都需要回答三个方面的基本问题：

（1）企业目前的经营状况如何？或旅游目的地旅游业的发展现状如何？

（2）在计划执行期内，企业或旅游目的地拟达到何种市场地位或实现哪些发展目标？

（3）这一市场地位或这些发展目标拟通过何种战略和手段去实现？

因为战略性营销计划永远都着眼于长远性的营销决策，所以通常具有主动超前的特点。同时，它也是一种针对市场供求的发展趋势制订的策应性计划。

战略性营销计划的主要内容包括以下几个方面：

（1）战略目标。一般指旅游企业或旅游目的地在计划期内所要达到的市场地位，通常需要对该时期内的目标客源市场、所供产品类型、目标销售量、目标营业收入、目标市场份额等方面的计划指标做出大体规定。

（2）定位。战略性营销计划中通常会涉及计划期内旅游企业或旅游目的地所要执行的产品定位，以及所要树立或强化的品牌形象。旅游产品在目标市场上的形象一般指在目标消费者心目中的形象，但有时也包括在旅游中间商心目中的形象。

（3）营销预算。即为实现营销工作的战略目标而计划投入的经费。

（4）营销战略。指为实现营销目标而选用的基本战略途径。

（二）战术性营销计划

战术性营销计划是指旅游企业或旅游目的地在某一个特定时期（短期）内的营销战术的规划。按照国际文献中的流行看法，这种营销计划的执行期一般为未来三年以内。在旅游实务中，营销计划通常都是指这类短期性的战术性营销计划，尤以年度营销计划为典型。

如果说战略性营销计划形成的是一个基本框架，那么战术性营销计划则是在这一框架内设计的阶段性工作方案。其工作任务主要是根据近期对未来情况变化——特别是针对竞争者的行动的分析和预测做出计划内的对策安排。因此，与战略性营销计划相比，战术性营销计划中有关执行性营销活动的内容通常都应详细具体。

战术性营销计划通常包括以下内容：

（1）营销目标。包括该计划执行期内所要实现的销售量、销售额等可量化的硬目标，以及某些定性表达的软目标（如品牌形象和游客满意度）。

（2）营销手段与营销预算。即为实现既定营销目标而计划采用的营销组合策略，以及整个执行期内开展营销活动所需的经费预算。

（3）行动方案。即所要开展的各项营销活动及其执行方案的安排，尤其是对营销传播或促销宣传活动的安排。

（4）评价与控制。即对如何监测和评价营销计划的执行情况以及发现问题后采取的管理措施的安排。

（三）作业计划

作业计划是指各项营销活动的具体执行计划。它可以是针对某一产品或特殊问题而制订的专项营销计划，如产品营销计划、服务营销计划或客户营销计划等。作业计划的内容可参照战术性营销计划。

三、营销计划的编制程序

营销计划的编制可采用“七段式”程序：现状分析、前景预测、SWOT 分析、制定营销目标、编制营销预算、营销组合策略的制定与安排、评价与控制。这七个阶段的工作开展按照先后顺序进行，在编制过程中，编制人员也可能会根据新的情况变化重新修订前面阶段的有关工作结果，使编制工作出现某些局部性的反复或小循环。如在编制营销预算时，编制人员发现预算不足，无力支持上一阶段所定的营销目标的实现，便需返回上一阶段的工作，对原先制定的营销目标进行修订。

（一）现状分析

这一阶段，编制工作的主要任务是在收集和分析相关信息的基础上，摸清旅游企业目前的经营状况或旅游目的地近年来的旅游业发展状况以及在同业市场中所处的地位。

现状分析一般至少包括以下四方面内容：

（1）分析当地（区域内）整个市场近年来的发展状况以及旅游企业（或旅游目的地）在市场中所处的地位。

（2）分析现有消费者的人员构成以及近年来的变化情况。

（3）分析现有产品以及近年来的需求变化情况。

（4）分析外部经营环境，做 PEST 分析。PEST 分析指的是宏观环境分析，其中，P（Politics）代表政治或政策法规方面的因素；E（Economy）代表经济方面的因素；S（Society）代表文化方面的因素；T（Technology）代表科学技术方面的因素。主要是分析这四方面因素的现状以及近年来的变化动向。

（二）前景预测

前景预测也称市场预测或营销预测。其重点在于预测、评估和判断产品 / 市场因素和外部环境因素在未来营销计划执行期内有可能出现的变化。

（三）SWOT 分析

SWOT 分析主要是评价旅游企业（或旅游目的地）优于竞争者的条件和能力、旅游企业（或旅游目的地）不敌竞争者或弱于竞争者的方面，以及未来营销计划执行期内将会出现的有利于旅游企业（或旅游目的地）实现自身发展的因素和不利于旅游企业（或旅游目的地）经营与发展的因素。在构建 SWOT 矩阵时，要将那些对战略目标有直接的、重要的、大量的、迫切的、久远的影响因素优先排列出来，而将那些间接的、次要的、少许的、不急切的、短暂的影响因素排列在后面。SWOT 矩阵可以清晰地反映出旅游企业（或旅游目的地）营销环境的大致情况。

（四）制定营销目标

营销目标通常指旅游企业或旅游目的地拟在营销计划执行期内实现的业绩。对于旅游企业来说，营销目标多以利润目标为核心，在具体表达形式上，一般为企业拟在该营销计划期内实现的销售量、销售额、市场份额等硬目标，也可能会涉及形象建设和用户满意度等方面的内容。对于旅游目的地而言，营销目标多以形象建设为主，但一般也会涉及计划实现的游客接待量以及旅游收入之类的业绩目标。

在制定营销目标时，应遵循以下原则：

（1）营销目标的表述必须明确，能够进行有效测量。硬目标必须以数量化形式表达；软目标也应做到能够通过间接方式进行有效的测量和评估。

（2）数量化的硬目标，应在各产品 / 市场间做出详细的指标分解。

（3）必须明确规定实现营销目标的期限，应具体到年、月、日。

（4）基于市场需求和营销预算等方面的考虑，所制定的营销目标必须具有现实性，即通过努力能够实现。

（5）制定营销目标时，应征求各营业部门的意见，所制定的营销目标应当能够为各部门所接受。

（6）对于营销目标的执行及落实情况，应能够直接或间接进行测量和评估。

（五）编制营销预算

在旅游业中，编制营销预算常用的方法有以下几种：

（1）营业收入百分比法。如假定企业的年营业收入是 1 000 万元，若将营销预算固定为营业收入的 1%，那么，营销预算就是 10 万元。至于营销预算占营业收入的比例是多少，没有一定之规，各行各业的比例有所不同，可以自行决定。

（2）匹配竞争法。即根据竞争对手的花费来决定自己的营销预算。

（3）有能力支付法。即根据自己的资金能力，将特定数额的资金确定为营销计划执行期内的营销预算。

（4）参照历史法。即按照往年的惯例，或在其基础上增加多少百分比的费用，或减少多少百分比的费用，或维持不变。

（5）目标任务法。这是最有效的一种方式：先制定营销活动要达成的销售目标和市场目标，再根据这些目标来制定合适的预算。它的优点在于与营销目标息息相关，能确保营销预算被用在企业最有益的项目上。但它也有一个缺点，就是预算金额可能会超出企业的承受能力。当出现这种情况时，必须对营销目标进行优先级排序，要保证优先级最高的营销目标得以实现。

（六）营销组合策略的制定与安排

营销组合是指企业为了争取在目标市场中实现营销目标而采用的一整套营销工具。

按照人们普遍接受的观点，经典的营销组合由 4P 组成[①]。4P 代表产品（Product）、价格（Price）、促销（Promotion）、渠道（Place）这四种营销工具或营销手段。

1990 年美国营销专家劳特朋（R. F. Lauterborn）提出了与 4P 相对应的 4C 理论。它以消费者需求为导向，重新设定了市场营销组合的四个基本要素：消费者（Consumer）、成本（Cost）、便利（Convenience）和沟通（Communication）。

在实际市场营销工作中，可以用 4C 去思考，用 4P 去执行，即从消费者的角度出发，考虑企业的 4P 该如何落地。产品的研发要从满足顾客的需求出发，把用户价值放在第一位；价格的制定要考虑降低顾客的购买成本；促销应以顾客为中心实施有效的营销沟通；销售渠道策略的选择要充分注意到顾客购买过程中的便利性。

在编制营销计划的过程中，为了实现既定的营销目标，营销者需要考虑和筹划营销计划执行期内所需实行的产品策略、价格策略、促销策略和渠道策略，相关内容在后续的项目五、项目六和项目七中会进行详细的讲解。因为目标市场对于营销手段的运用方式起着决定性作用，所以，在制定营销组合策略时，明确界定目标市场是至关重要的前提和出发点。

就战术性的年度营销计划而言，营销组合策略确定之后，为了便于在营销工作中执行和落实，营销计划编制者应将其转化为具体的执行性计划或营销行动方案，即针对每一个产品 / 市场组合，分别计划采取哪些营销行动、何时采取行动、何人负责，以及各项行动的经费预算。特别是对于营销计划执行期内所要开展的促销宣传活动，要做出具体的安排。当然，一次性地将拟采取的各项营销活动全部详细列出，可能并不现实，可以随着时间的推移，按序时滚动式分段制定。例如，饭店的促销活动计划往往都是按周或按月份滚动制定的；旅游目的地营销组织的促销活动计划一般都是按年度滚动制定的。

（七）评价与控制

营销计划的评价与控制要有防患于未然的底线思维。底线思维是指客观地设定最低目标，立足最低点，争取最大期望值的一种科学思维。习近平总书记强调，要善于

---

① 这么多年来，营销界看似发生了巨大的变化，却依然没有跑出 4P 框架。互联网营销方面，譬如小红书的“种草”还是离不开产品、价格、渠道及促销，只是促销方式与销售渠道发生了变化，但营销的本质并没有改变。

运用底线思维的方法，凡事从坏处准备，努力争取最好的结果，这样才能有备无患、遇事不慌，牢牢把握主动权。

对营销计划的执行情况进行评价，既包括计划执行期结束后的总体评价，也包括执行期间对每一阶段工作成效的定期评价。评价工作的最终依据为营销目标，因此，营销目标制定得越详细、越精确，评价工作的开展就越容易、越有效。一般来讲，评价工作有效开展所需具备的条件包括：（1）测量指标。（2）绩效指标。即各方面营销工作在规定时期内应实现的业绩目标。（3）开展评价工作的时间表。

学习微平台

延伸阅读 4-1
制订企业营销计划的 12 个步骤

开展评价工作的目的是对营销工作加以控制。总体评价的主要目的在于总结哪些产品 / 市场的营销工作以及营销举措是成功的，哪些是不理想甚至是失败的，从而为今后的营销计划编制工作提供经验和借鉴。阶段性评价的主要目的在于及时发现问题，并在分析原因的基础上采取管理行动予以纠正。

任务实施

班级 ________ 姓名 ________ 学号 ________ 成绩 ________

年度营销计划的内容样例

一、概要
二、计划内容的合理性依据
（一）现状分析的结论要点
1. 环境分析的结论
2. 坐落区位与社会分析的结论
3. 对主要竞争者进行分析的结论
4. 市场潜力分析的结论
5. 产品分析的结论
6. 定位分析的结论
7. 主要的优势、劣势、机会、威胁或制约因素
（二）所选用的营销战略
1. 目标市场
2. 营销战略
3. 营销组合
4. 产品定位
5. 营销目标
三、行动计划
（一）营销活动计划
1. 针对每一个目标市场，在各营销组合中所要开展的活动
2. 各项活动的负责人
3. 时间表与活动内容安排
（二）营销预算
1. 按各个目标市场分解预算
2. 按市场营销组合手段分解预算
3. 应急费用
（三）开展评价工作的安排
1. 测量指标
2. 绩效标准
3. 开展评价工作的时间表
（四）控制工作的程序
1. 各项行动的预期结果
2. 进度安排与控制措施

任务实训

实训主题	制定和表述营销目标
实训目的	通过案例实践，学生明白营销目标该怎样制定才是充分可行的
实训内容	案例中，旅行社对所制定的营销目标进行了量化表达，实现这一营销目标的期限很明确，员工也都认可。请从营销管理的角度分析这一营销目标是否可行。你认为营销目标该怎样制定才算是充分可行的呢？
实操实训	某地有一家旅行社，其主要的业务板块是经营组织客户的国内包价旅游业务，如疗休养、团建、研学旅行等，近两年也开始尝试散客定制业务。2020—2022年，该旅行社每年的组团量大约为4万人次。2022年末，该旅行社着手编制下一个年度的营销计划。通过现状分析，该旅行社发现近年来旅游市场需求的变化趋势是：职工疗休养、春秋游等工会活动竞争激烈；定制化亲子游正成为国内旅游市场新增长点；研学游成为“双减”落地后旅游市场的新热点；近距离、短时间、高频次的城市及周边“微度假”产品迅速升温，主题乐园、乡村民宿、“酒店＋景区”自驾游都是比较热门的选择。因此，在开展SWOT分析的基础上，经组织员工讨论和征求意见，该旅行社管理部门决定将下一个年度的营销目标定为：2023年1月1日至12月31日，实现销售量增长15%，即实现接待游客4.6万人次。 1. 分析上面的案例，从营销管理的角度讲，你认为该企业的营销目标实际可行吗？（　　） A. 可行　　B. 并非充分可行 2. 在这个案例中，营销目标该怎样制定才算是充分可行的呢？请为其制定营销目标并进行表述。

班级＿＿＿＿ 姓名＿＿＿＿ 学号＿＿＿＿ 成绩＿＿＿＿

考核评价

知识点和学习评价一览表

序号	知识评价点	自我评价结果			备注
		掌握	基本掌握	未掌握	
1	编制营销计划的必要性				
2	营销计划的类型				
3	营销计划的编制程序				
4	年度营销计划的内容				
5	你认为本任务最有价值的内容是什么？对你有什么启发？				

班级______ 姓名______ 学号______ 成绩______

任务拓展

数字资源：旅行社年度营销计划案例分析

任务二　执行营销计划

任务准备

一、营销计划执行过程中应注意的问题

营销计划执行过程中应注意以下问题：

（1）认真把握实施营销活动的时间表。每一项营销举措都有其最佳实施时间，尤其是在促销方面，推出活动的时间过早或过迟，都可能事倍功半，甚至浪费资源。

（2）抓好营销活动执行工作的人员落实。对于营销计划中安排的每一项营销活动，都需要落实主管人员和执行人员。人员安排到位不仅可以保证营销计划中各项营销活动的实施，还会因分工明确而便于进行营销控制。

（3）正确处理计划与变化的关系。营销计划并不是不可更改的。当情况发生变化时，就需要对营销计划中的安排做出相应调整。

（4）注意各部门之间的协调配合。营销计划的成功执行，离不开其他部门的协同与支持。

二、年度旅游市场营销计划控制

年度旅游市场营销计划控制是指检查旅游企业营销实际绩效与年度计划之间是否存在偏差，以确保旅游企业的年度计划与所制定的营销目标相吻合，从而使市场营销计划得以顺利完成。

年度旅游市场营销计划控制的过程见图 4－1。

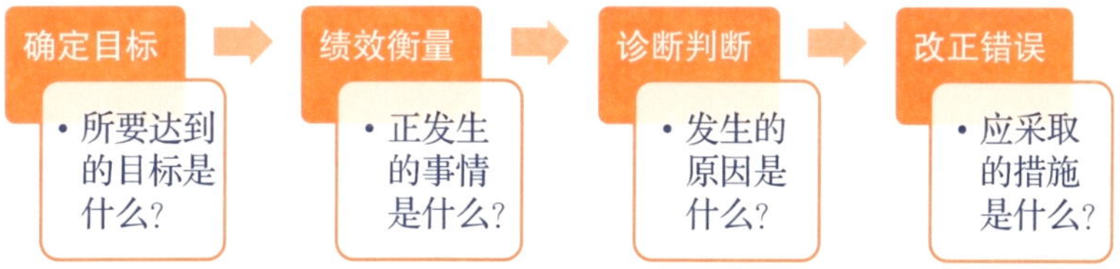

图 4－1　年度旅游市场营销计划控制的过程

（1）确定目标：制定本年度各个季度（或月度）旅游企业营销活动的主要目标，并落实到相应的负责人，提出和采取相应的保障措施。

（2）绩效衡量：将实际成果与预期成果相比较，做好绩效测量工作。

（3）诊断判断：对营销活动实施过程中偏离计划的行为进行分析、判断，研究出

现偏差的原因。

（4）改正错误：通过改正实施方法或调整目标本身，尽可能减小营销目标和实际执行结果之间的差距。

三、判断营销计划需要重新思考和审视的重要信号

当以下两种情况发生时，就需要重新思考和审视营销计划：一是对产品开展了大规模的促销活动，但收效甚微。二是外部环境突然发生变化，比如市场、竞争格局发生变化。

学习微平台

延伸阅读 4-2
如何让营销活动重回正轨

如果是第一种情况，可以先修订促销广告的文案和创意，改变产品的包装、报价和定价等，如果这些改变开始产生积极的效果，风险就可以得到转移；如果多次改变后，销售额依然不尽如人意，那就是计划存在缺陷，需要开始反思并做出调整了。

如果是第二种情况，就意味着该更新营销计划了。出现下列变化时，就可以开始行动了：（1）开拓新的利基市场或提供新服务；（2）新兴技术使企业的经营方式显得过时、低效；（3）新合作伙伴加入；（4）与海外市场竞争；（5）销售额或利润暴跌；（6）竞争力有所提高；（7）产品需求量下跌。

任务实施

执行力

2014 年 10 月，习近平总书记在对全国党委秘书长会议做出的批示中指出：“如果不沉下心来抓落实，再好的目标，再好的蓝图，也只是镜中花、水中月。”天下之事，虑之贵详，行之贵力。提高政治执行力，是党的思想路线的根本要求，也是党的领导力、战斗力、生命力之所在。

执行力既是一门学问，也是一种文化，并最终转化为解决问题的实践能力、操作能力、创新能力。任何一项决策部署要落到实处、取得实效，完全到位的执行力非常关键。执行力不够好，再好的计划、再宏伟的目标都只是空中楼阁。因此，营销计划能否真正起效，关键在于制订后的执行。

想一想：有企业提出，执行力是市场营销工作的生命力。对此，你怎么看？

班级 ________

姓名 ________

学号 ________

成绩 ________

任务实训

实训主题	旅游企业外部环境变化分析
实训目的	通过旅游企业外部环境变化分析，学生知晓计划控制的重要性
实训内容	选择一家有代表性的旅游企业进行调研，分析其现状及面临的环境变化，思考当外部环境发生变化时，什么情况下需要调整营销计划
实操实训	1. 调研企业的基本情况 企业类型：________ 企业名称：________ 企业地址：________ 业务现状：________ ________
	2. 分析企业发展所面临的外部环境变化

班级______ 姓名______ 学号______ 成绩______

考核评价

知识点和学习评价一览表

序号	知识评价点	自我评价结果			备注
		掌握	基本掌握	未掌握	
1	营销计划执行过程中应注意的问题				
2	年度旅游市场营销计划控制				
3	判断营销计划需要重新思考和审视的重要信号				
4	你认为本任务最有价值的内容是什么？对你有什么启发？				

班级______ 姓名______ 学号______ 成绩______

任务拓展

数字资源：见微知著，调整营销计划

项目五 打造产品

项目导读

产品是营销的基石[①]。正如彼得·德鲁克所言："只有鞋子是真实的。"无论未来怎么变，产品作为用户和企业的核心价值不会变。通过本项目的学习，你将了解什么是产品、什么是旅游产品、旅游产品的价值有哪些、旅游产品设计为什么应面向用户的变化，知晓旅游产品设计的步骤和方法，明白提高产品表达力的重要性，理解旅游产品详情页的制作要点，掌握新媒体海报和H5的创作技巧，掌握两类常见旅游产品——主题旅游产品和研学旅游实践活动课程的设计方法。

学习目标

1. 了解产品的概念与形态分类及旅游产品的概念、构成、特征及价值。
2. 了解旅游产品设计的步骤和方法。
3. 了解提高产品表达力的重要性，理解旅游产品详情页的制作要点。
4. 掌握新媒体海报和 H5 的创作技巧。
5. 掌握主题旅游产品和研学旅游实践活动课程的设计方法。

① 小马宋. 营销笔记［M］. 北京：中信出版社，2022：46.

思维导图

- 打造产品
  - 认识旅游产品
    - 什么是产品
    - 什么是旅游产品
    - 旅游产品的价值和面向用户的旅游产品设计
    - 旅游产品设计的步骤和方法
  - 设计主题旅游产品
    - 认识主题旅游产品
    - 主题旅游产品的内容设计
    - 主题旅游产品的视觉呈现
  - 研发研学旅游实践活动课程
    - 什么是研学旅游实践活动课程
    - 研学旅游实践活动课程的研发原则
    - 研学旅游实践活动课程的类型
    - 研学旅游实践活动课程的客群类型分析
    - 研学旅游实践活动课程研发的步骤、方法
  - 提高产品表达力
    - 什么是产品表达力
    - 为什么要提高产品表达力
    - 无形的服务，有形的“门面”
    - 怎样的产品宣传页面才能吸引用户
    - 用户好评就是最好的宣传文案
    - 新媒体海报及H5创作

任务一 认识旅游产品

任务准备

一、什么是产品

凡是可以为顾客创造价值、满足顾客需求并可以进行交易和消费的东西都能叫作产品。产品可以是任何能用以满足人类某种需要或欲望的东西。一般而言，营销人员所经营的产品主要有 10 种形态，具体见表 5－1。

表 5-1　产品的 10 种形态

产品形态	举例说明
实体产品	如手机、旅行箱、土特产等看得见的产品
服务	如航空、餐饮、美容美发、金融、管理咨询、中介、代订等以各种劳务形式表现出来的无形产品
体验	不同产品和服务组合带给用户的体会、经验和感觉，如迪士尼的梦幻王国、横店影视城的免费拍戏体验
事件	大型商业展览、艺术表演、体育赛事、庆典、节日活动，如奥运会、黄帝陵公祭
人员	如一些社会知名人士对自己的营销
地点	旅游目的地，如国家、城市、地区、旅游景点、餐厅、酒店民宿等都可以成为旅游目的地，通过营销吸引游客，增加旅游收入
所有权	所有权在法律上指个人或团体对于其所拥有的财物有自由处置的权利，如不动产（房地产）和金融证券（股票或债券）市场买卖的就是所有权
组织	如大学、博物馆、协会、基金、俱乐部为了获取资金，也在不断营销自己
信息	信息是一种特殊的商品，如调研公司、大数据公司、网络平台都在以一定的价格出售信息
概念或创意	如定制旅行线路策划、营销活动策划

正是因为产品的概念非常宽泛，所以在创新思维下，旅游产品才会不停地迭代创新、层出不穷。

二、什么是旅游产品

学习微平台

延伸阅读 5-1
产品的本质是为顾客创造价值

从营销角度来看，只要是满足客户旅游需求的产品都可以称为旅游产品。就旅游企业和旅游目的地而言，旅游产品是指为满足旅游消费者的需求和欲望而在一定地域空间生产或开发出来的以供销售的物象与劳务的组合。

（一）旅游产品的构成

旅游产品由三部分构成，见图 5-1。

1. 旅游核心产品

旅游核心产品揭示的是旅游消费者所购买的基本利益或服务，是旅游产品核心利益的体现。不同旅游企业提供的核心产品有很大差别，如旅行社提供的是旅游经历，酒店提供的是休息和睡眠。

2. 旅游形式产品

旅游形式产品是旅游核心产品的“载体”，是产品的外在表现形式，旅游企业和旅游目的地通过它来满足消费者的需求。形式产品通常表现为产品的质量水平、外观特色、式样、品牌名称和包装等。形式产品对于有实物形态的产品而言，就是有形产

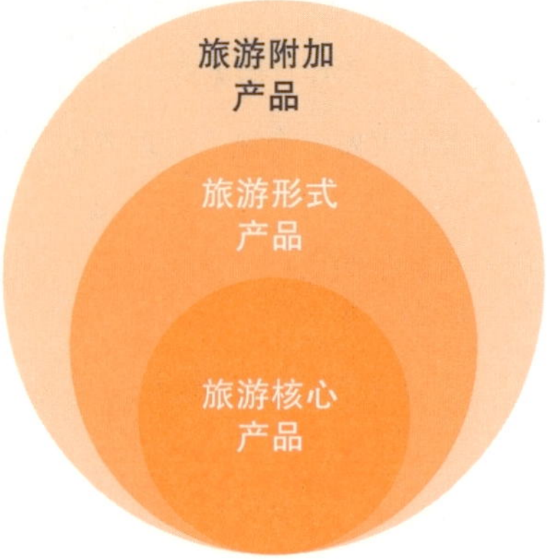

图 5－1 旅游产品的构成

品；对于服务这种无形产品而言，就是提供这项服务所采用的服务流程、服务设施、服务环境等，如酒店向客人提供的舒适的大床、干净的卫生用具。对于旅游企业而言，要以旅游消费者的核心利益为出发点，设计出客户需要的形式产品，使客户利益得以实现。

3. 旅游附加产品

旅游附加产品是指旅游企业在出售的基本产品上增加的服务或利益。如民宿主人提供的免费接送服务、当地旅游攻略、景点门票代购、土特产代购与寄递服务，以及住宿期间参与体验活动等。旅游企业必须意识到，消费者购买旅游产品是为了得到任何可以满足其需要的产品和服务，企业需要向消费者提供整体的消费系统。附加产品也可以成为形式产品的一部分，成为企业独特的产品销售点。因此，旅游企业要加强对旅游附加产品的开发。

（二）旅游产品的特征

1. 综合性

旅游活动是一项综合性的社会活动，旅游产品的生产涉及多部门与多行业。

2. 不可转移性

这主要体现在两个方面：一是旅游资源和设施相对固定；二是旅游产品所有权不可转移，如客房、机位，旅游者获得的是使用权。

3. 无形性，即服务性

旅游产品以无形的服务为主。旅游产业属于劳动密集型产业。随着科技的发展与进步，越来越多的智能服务会应用到旅游行业中，从而逐步减少劳动力，降低人工成本。但旅游服务中温暖的、人与人之间的情感沟通交流依然是人工智能不可替代的核心价值体现。

4. 易波动性

旅游产品很容易受到内外部环境因素的影响，尤其是政治、经济、社会、自然环境的影响。

5. 生产与消费的同步性

有形产品是先生产后消费；而大部分旅游产品的生产、销售与消费是同时进行的，除了客户本身要参与到生产过程之中，还经常会有其他旅游者存在。这无疑给旅游企业的生产人员、管理人员提出了更高的要求。为了保证旅游产品的质量，企业不仅要对员工提出要求，重视对员工特别是一线员工的培训与管理，还需要制定措施对旅游者进行管理。

6. 不可储存性

如果旅游产品当天不能销售出去，那它当天的潜在利益就永远消失了，如酒店空房、包机空位等。

三、旅游产品的价值和面向用户的旅游产品设计

从营销角度来看，旅游产品的价值包括两部分：用户价值和商业价值（见图 5－2）。

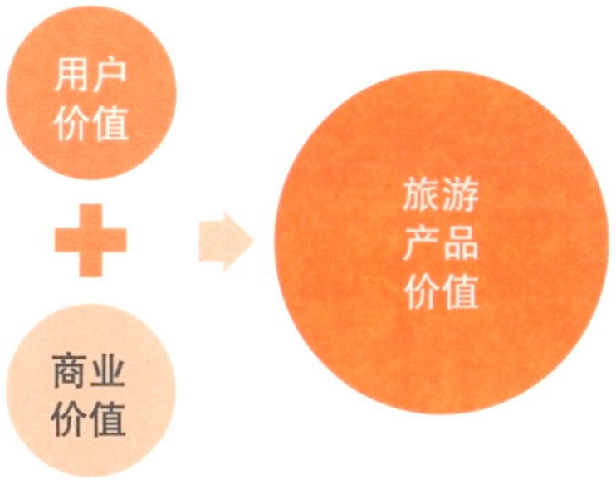

图 5－2 旅游产品的价值构成

学习微平台

延伸阅读 5-2
顾客感觉到好，产品才是真的好

用户价值，对应的是用户选择旅游产品的目的，满足的是用户的需求，如放松心情，在旅行中成为更好的自己。为用户创造价值是产品的本质。当用户有某种需求而且无法免费获得的时候，企业提供的产品才会有价值。

商业价值，链接的是企业设计开发旅游产品的目的，满足的是企业的诉求，而企业的诉求主要就是营利和连接用户。并不是所有的产品都是为了营利，有的产品不营利但可以用来和用户交朋友，如 Citywalk（城市行走）、线下活动等。

所有的产品都是用户需求的解决方案，旅游产品也是，先有用户价值，后有商业价值。只有思考清楚了我们的产品要帮助用户解决什么样的需求（提供什么价值）、为什么会被需要，才能让产品设计更有针对性和策略性，也才能让产品上线后的销量更有保障。

四、旅游产品设计的步骤和方法

（一）新产品研发过程

新产品的研发是一个不断试错的过程，需要经过反复的测试，见图 5－3。产品设计失败，可能是由多种因素造成的，见图 5－4。

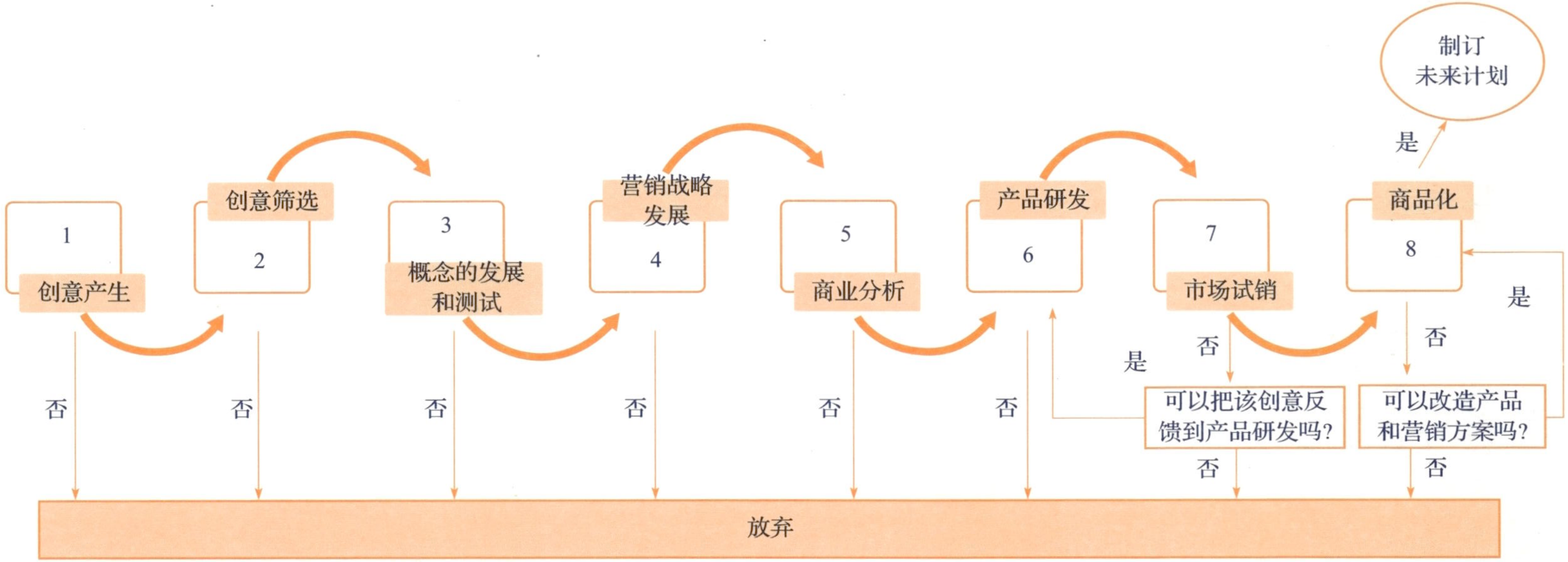
1
创意产生
创意筛选
2
3
概念的发展
和测试
营销战略
发展
4
5
商业分析
产品研发
6
7
市场试销
商品化
8
制订
未来计划
是
否
是
可以把该创意反
馈到产品研发吗?
否
否
是
可以改造产品
和营销方案吗?
否
否
否
否
否
否
否
放弃

图 5-3　新产品研发过程

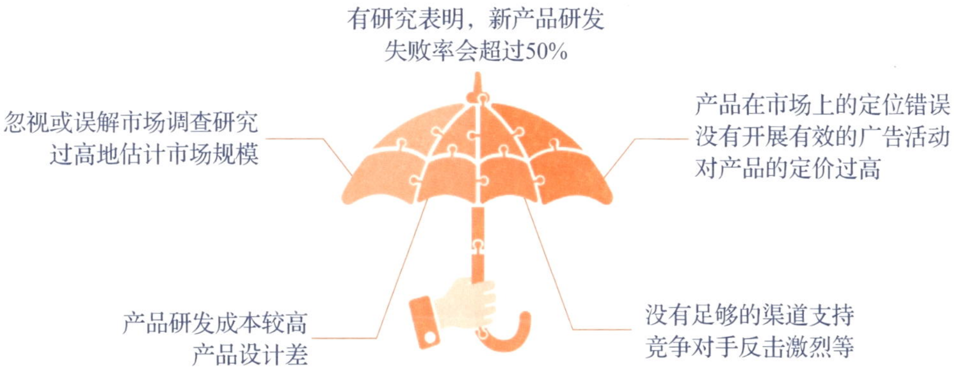

图 5－4　产品设计失败的原因

（二）旅游产品设计的步骤

如果我们对产品设计的流程进行划分，那么下面这六个关键步骤需要引起重视（见图 5－5）。

图 5－5　旅游产品设计的六个关键步骤

1. 步骤 1：需求评估

在这一步，需要想清楚准备服务哪些用户、满足这部分用户的什么需求、这个需求的市场容量有多大、希望通过这个产品占领多少市场份额。有些复杂决策的产品还需要区分用户和客户。用户是真正体验产品的人，客户是为产品买单的人，他们的需求也会有所不同。只有精准地洞察并透彻地理解了用户需求，才能在产品的设计和表达上有针对性地吸引和打动用户。

2. 步骤 2：竞品分析

需求分析清楚后，就需要研究市场供给。现有的市场供给有哪些？竞品有哪些？它们如何定价和定位？它们的资源和供应来自哪里？毛利水平如何？它们的产品提供什么样的价值？它们的商业目的是什么？这一步所有的考虑都要梳理和记录下来，形成可翻阅、可回溯的文档，因为一开始的考虑都是不全面的，需要根据掌握的信息和市场反馈不断迭代调整，只有这样才能不断逼近商业的真相。

3. 步骤 3：优势梳理

前面看用户、看市场、看对手，都是建立全局地图和产品视野的过程。优势梳理则是向内看，观察、分析我们自身有什么优势。比如，在资源上是否有核心的体验点或者价格优势、是否有原创的服务闭环、销售渠道怎样、服务的交付和从销售到交付的整个流程是否高效流畅等。需要注意的是，这个时候的优势不要放大到销售优势，也就是说，有很好的渠道或销售网络对产品销量而言确实是优势，但这不是产品优势，不能以营销和渠道优势来弥补产品设计的不足。

4. 步骤 4：产品定位

在前面的需求评估、竞品分析和优势梳理的基础上，我们需要明确自己的产品定位和定价，以及预计的渠道网络和收益目标。具体包括以下三个方面：

（1）明确目标人群：在什么价格区间，满足什么人群在什么场景下的什么需求；

（2）梳理流量渠道：预计产品会投放在哪些渠道，在什么情况下会被用户看到；

（3）量化收益目标：预估销量和销售额，量化连接用户数和流量转化率。

5. 步骤 5：产品设计

经过前面的 4 个步骤，这一环节才真正进入产品设计。磨刀不误砍柴工，好的产品设计一定是把功夫花在前面，只要想清楚了，执行就会很快。

6. 步骤 6：假设验证

产品设计出来了，不是马上同步渠道、投入流量，而是需要经过流量验证、用户反馈和迭代。小范围投入流量、注意用户反馈和评价是非常有助于产品的完善的。首发团、内测团等，都是小步快跑、快速迭代直至最优的思维方式。一些规范的旅游企业对一些重要产品，还会设置产品委员会和产品下线机制等，产品委员会一般由企业高层、产品总监、内容和策划团队负责人、客服人员、产品经理等组成；产品上线后一旦触发下线预警，需要及时干预和分析复盘原因。

（三）旅游产品设计的方法

以旅游线路设计为例，企业可灵活运用表 5－2 中的产品设计方法。

表 5－2　旅游产品（旅游线路）设计的 10 种方法

序号	方法	简介
1	玩法梳理	梳理目的地玩法宝藏图，列举出所有的组团形式和走访线路。需要遵循 MECE 原则即“相互独立，完全穷尽”，将所有玩法打散后，结合前面的定位和自身的优势分析，确定产品的主要玩法和类型
2	地理标签	每个地方都有用户的印象和标签，如厦门文艺、成都美食、意大利人文。相同目的地不同的线路产品也可以有不同的主题和风格，使用户产生不一样的印象
3	网红元素	覆盖抖音、小红书上火爆的酒店、玩法和体验，抢占供给稀缺点。抢占红利期，快速地将产品铺设在主要的线上流量渠道上，如携程、飞猪、马蜂窝等，对接抖音、小红书的流量
4	特色深度	避开人群扎堆场所，贴近当地风貌，如酒庄探访、山林捡垃圾、6 点钟的上海、宁夏葡萄酒厂参观体验
5	自然文化	原生美景、真实人文。如川西的线路，游客可以下车走向草原、走进当地人家喝一碗牦牛酸奶等
6	分享社交	通过适当的流程设计引导互动社交，如国王天使游戏、分享喜爱的歌单
7	峰终体验	情绪体验的“峰”和“终”留下好印象，如当地特色餐的安排、目的地体验最为精彩的部分、行程结束提供的分享和当地风物等

续表

序号	方法	简介
8	分钟设计	旅行体验中最精彩美妙的时刻往往就几分钟，这几分钟对体验的影响却非常关键。要做好分钟级的体验设计和流程预演，提前想好可能发生的各种情况和应对措施，想好用户情绪的变化和承接，让用户的心情跟着预先的设计走，打造产品的“哇”点（强记忆点），如山顶火锅、草原下午茶、海边的烛光晚餐
9	成本最优	把成本投在最能让用户看到的地方，如特色餐、特色住宿体验
10	叠加获得	风景、美食、文化、社交、认知，提供有层次的旅行收获

资料来源：许义．新旅游：重新理解未来10年的中国旅游［M］．北京：中国旅游出版社，2021：31-41.

任务实施

面向用户的旅游产品设计

当今旅游业飞速发展，不少国人已经有了自己的第一本护照，出了第一次远门，打卡了著名的旅游景点，体验了常规旅游线路，很多人的旅行经历已经越来越成熟和丰富。一成不变的旅行产品和服务体验已经很难打动他们并留下记忆，旅游消费升级的需求愈加迫切，他们越来越需要有趣好玩、符合审美的旅游产品。

同时，旅游主要消费人群也发生了变化。

1. “Z 世代”青年旅游崛起。“Z 世代”指的是 1995—2009 年出生的人群（“95 后”和“00 后”），他们正成为旅游销售市场的主力军。他们更关心的是“体验”，同时也更节俭；他们尝试去挖掘最好的价值和服务；他们的旅行更是与其他年龄层不一样，充满着探险和激情。一些还不被大众熟知的地名和景点，很快就会出现在他们的旅行列表上；一些看似“疯狂”的想法，下一秒就被他们付诸实践。精明和喜欢自由行的他们，热衷于从新媒体中获取旅游资讯，用自己的方式感受美景、聆听故事、创造回忆。年轻客群正在深刻影响着中国旅游业。这届年轻人既拥有实实在在的旅游消费能力和出游需求，也更不愿将就，其选择更具多样性。

2. 老年人群和新老年人群消费更迭。2026—2033 年中国将会有 3 亿人年满 60 周岁，届时中国将进入深度老龄化社会。这将是一个庞大的旅游市场。需要注意的是，现在这部分 60 ～ 70 岁的老年人，未来 10 年会达到 70 ～ 80 岁，也就是说这批带有购物性质的跟团游的老年游主力，虽然在相当一段时间内仍会长期存在，但会逐渐减少。而 10 年后的新老年人群，将是有成熟的手机使用能力和互联网意识、有着丰富旅游经验的“70 后”，他们想要的旅行和服务与现在市场上提供的存量老年用户的旅行产品完全不同。他们在消费需求和消费层次上将更加高端化，注重旅游体验的精神愉悦性，也更加注重养老保健的身体康养，甚至追求旅游服务背后的文化内涵和社交价值。

3. 新中产旅游人群的崛起红利。按照 2019 年国家统计局的全国居民收入分组，中等偏上收入和高收入组的五六亿人都是中等以上收入人群。这部分人群有较大的可能成为新中产主流人群。全新的价值观、较高的经济水平、不错的社会地位或职业、接受过高等教育成为界定新中产的四大指标。区别于传统意义上的高收入人群，新中产人群的消费具有新审美、新消费、新连接的价值理念。对他们而言，在旅行产品的设计和表达上，美成为基本要求，否则就无法和他们互动、沟通，也就没有连接和交易的可能。在满足物质生活之外，他们愿意将更多的时间和金钱投入自我提升和尝试新体验的消费上，愿意为幸福和美好生活花钱。每一个新出现的网红打卡地、精品的住宿体验都会优先进入他们的旅行清单，房车、精致露营、轻户外体验都会成为他们集中消费和喜欢的产品。在连接层面，他们善于用新的互联网应用和工具，找到价值观、审美趣味、消费观类似的同好者，也追求更有质量的社交。这些都意味着旅行经营和

班级＿＿＿＿ 姓名＿＿＿＿ 学号＿＿＿＿ 成绩＿＿＿＿

产品设计必须开始具备调性、品牌、价值理念和审美能力。

资料来源：许义.新旅游：重新理解未来10年的中国旅游[M].北京：中国旅游出版社，2021：10－18.

未来10年，旅游市场赛道和产品类别将更加细分，商业模式也会从过去的追求流量转为眼下的深耕运营。企业之间的竞争也将重点围绕产品交付品质和运营管理效率展开。企业需要真正从用户需求入手，设计出更加适合中国消费者的旅游产品。

想一想：为什么要面向用户去设计旅游产品？

班级 ……

姓名 ……

学号 ……

成绩 ……

任务实训

实训主题	营销思辨：形式还是功能
实训目的	通过思辨，学生能够更好地理解产品的概念、构成和价值，掌握产品设计的要点
实训内容	一些营销人员认为，产品的性能是产品最重要的方面。另一些营销人员则认为，产品的外观、感觉，以及其他设计因素才是真正产生差异的地方 正方：产品的功能是品牌成功的关键 反方：产品的包装设计是品牌成功的关键 选择正方或反方，说明你的观点
实操实训	组织小组展开线上 / 线下辩论 赛前： 1. 公布辩论赛流程 2. 确定主持人、选手、裁判和辩论方式（线上或线下）、时间、场地，并通知到位 赛中： 1. 展开辩论 2. 学生裁判打分、点评 3. 教师点评 赛后： 1. 辩论赛复盘 2. 知识点复习

班级______ 姓名______ 学号______ 成绩______

考核评价

知识点和学习评价一览表

序号	知识评价点	自我评价结果			备注
		掌握	基本掌握	未掌握	
1	产品的概念和形态				
2	旅游产品的概念、构成和特征				
3	旅游产品的价值和面向用户的旅游产品设计				
4	旅游产品设计的步骤				
5	旅游产品设计的方法				
6	你认为本任务最有价值的内容是什么？对你有什么启发？				

任务拓展

数字资源：旅游新产品、新业态

班级________ 姓名________ 学号________ 成绩________

任务二 设计主题旅游产品

任务准备

一、认识主题旅游产品

（一）什么是主题旅游产品

这里的旅游产品是指旅行社向旅游者提供的由旅游吸引物、旅游设施和策划安排构成的旅游线路或项目，以及附着其上的配套服务。

主题，通常指的是社会活动或文艺作品所要表现的中心思想，有时也泛指其主要内容。

旅游产品是一种特殊的服务产品，其表现形式就是整合了各种旅游要素的旅游活动。当旅游活动围绕某一“中心思想”（主题）展开，其内容都与之密切相关时，即可称为主题旅游产品。

因为旅游是一项综合性的活动，所以大部分旅游活动的主题也都是综合性的，通常包括了旅游活动的目的地、方式、类型、特点等。作为旅游产品，只有主题鲜明、突出，在市场上的辨识度才会高，产品特色才会明显。

在旅游产品设计中，只有主题确定了，旅游各要素才能一一得到落实，旅游活动的意义才能得以彰显，旅游产品的价值才能真正体现出来。

（二）旅游产品有哪些主题

从现代旅游业的发展历程来看，大众旅游产品经历了由早期的“地域主题”向成熟期的“内容主题”转变的过程。

1. 地域主题

旅游活动具有异地性的特征。因此，早期旅游产品的主题主要是地域主题。例如“北京一日游”“长城一日游”等，其吃、住、行、游、购、娱等都围绕着特定的地域展开，满足的是游客异地观光游览的需求。这样的旅游产品对具体内容要求不高，只要游的是当地景点、吃的是当地菜肴、买的是当地特产、收获的是对当地旅游的体验，就可以视作主题鲜明、特色明显。因此，在旅游业发展初期或低端的旅游市场中，这种产品备受旅游者欢迎。

旅游产品的地域主题，是由地域的天然唯一性所决定的。例如北京就是北京，南京就是南京。北京再大，要看中山陵也只能去南京；南京再美，要游故宫也只能去北京。所以，地域主题满足了旅游者最根本的旅游需要，也是所有旅游产品主题的基础。

以地域主题作为旅游需求和目标，清晰直观，标准明确，质量也容易保证。

地域主题常常会受到地域空间、地域特色、旅游者知觉等因素的影响。一般来说，旅游者会将距离比较远的目的地知觉为一个整体，这在旅游产品的地域主题上就有鲜明的体现。例如“青（海）甘（肃）大环线10日游”“新（加坡）马（来西亚）泰（国）6日游”等。反过来，旅游者对于距离比较近的目的地知觉比较具体，旅游产品的地域主题往往也会相应收窄，或以“突出局部”的方式体现地域特色。例如：“日本+‘双古都’(京都、奈良）6日游”“安徽黄山、宏村三日游”等。

同时，一些时事热点或旅游者的偏好，也可以改变空间距离对旅游者知觉的影响，成为更为重要的地域主题选项。一些“网红打卡地”也因此成为旅游产品的地域主题。例如“千面格聂（雪山）秋季徒步之旅”等。不过，在这样的旅游产品中，虽然格聂雪山是重要的地域主题，是旅游活动的最终目标，但同时也在这个地域中抽取了“秋季徒步”作为特色，体现了地域主题与内容主题的融合。

2. 内容主题

随着旅游业的逐步发展成熟，旅游者的旅游需要越来越丰富和多元，促使旅游产品由地域主题走向内容主题。相比单纯的地域主题，内容主题能将同一地域的旅游产品通过不同的主题内容设定设计为不同的旅游产品，从而更好地满足细分市场的需求。如“九寨沟+黄龙摄影五日游”“九寨沟+黄龙+熊猫乐园纯玩亲子三日游”，前者主打“摄影”，后者定位“亲子”。

旅游产品的内容主题主要有以下四种：

（1）观光益智主题（基于资源的旅游主题）。这类主题通常依赖于目的地的自然、人文旅游资源。其中自然观光是开发最早的旅游内容主题，它包括名山大川、峡谷湖泊、喷泉瀑布、森林草原、海滨海岛等，同时自然观光旅游还具有良好的环境教育功能。而常见的文化观光益智主题，主要包括遗产文化、城市文化、乡村文化等多种类型。观光益智主题类旅游产品，直接关联旅游目的，一旦目的没有实现——没有看到想看到的自然、人文旅游资源（风景），就会引发投诉。

（2）休闲娱乐度假主题（基于生活质量的旅游主题）。相比观光益智主题强调“收获”——看到想看的风景，休闲娱乐度假主题更强调“过程”——享受旅游过程。从旅游活动的形式上看，休闲旅游与传统的观光旅游在旅游目的、旅游地、旅游形式等方面都有较大差别。而娱乐，本是旅游产品的附加内容，但现已成为休闲、度假类旅游产品的重要组成部分。以环城游憩带为基础的短期近程度假、主题公园、户外运动、野营度假、滨海度假、养生度假、温泉度假、乡村度假等是比较常见的休闲娱乐度假主题。

（3）商务、会展、节事主题（基于利益发展的旅游主题）。商务、会展、节事主题，通常发生在广义的商务旅游中。商务旅游是一种特殊的旅游活动。一般来说，其旅游者往往是专业人士；通常旅程时间较短但频次较多；目的地选择通常由工作需要或由他人决定，很大程度上限于城镇；旅行费用通常由公司而非旅游者本人支付。商务需要在主题中的优先级要远大于其他需要。会展旅游，即基于会议、大会、展览等的旅游，是全球旅游业中发展最快的产品之一，也是一类独特的旅游主题类型。节事旅游是节日和特殊事件旅游的统称。

（4）专项旅游主题和特殊兴趣旅游主题。专项旅游与特殊兴趣旅游具有明显的个性化和非程序化特征，参与人数较少，主要针对具有某些特殊兴趣的客户群体。当然，专项旅游产品有可能在将来随着市场需求的扩大而成为常规旅游产品，常规旅游产品也有可能由于市场萎缩而成为专项旅游产品，当参与者更少时即为特殊兴趣旅游。教育旅游、工业旅游、生态旅游等都是较为常见的专项旅游主题。科考旅游、探险旅游等是较常见的特殊兴趣旅游主题。

（三）为什么要设计主题旅游产品

主题旅游产品是旅游产品重要的发展方向。

首先，设计主题旅游产品，是由旅游需求的变化趋势所决定的。随着旅游者生活水平的提高和旅游经验的丰富，他们对旅游活动的需求呈现出多样化和个性化的发展趋势，具体表现为由团队旅游向散客旅游转变、由预制旅游向定制旅游转变等。依靠少数几款地域旅游产品，已经无法继续主宰市场，必须开发更多符合不同旅游者需要的主题旅游产品，才能够满足旅游者更丰富多样的旅游需求。

其次，设计主题旅游产品，是由旅游供给的发展方向所决定的。随着商品经济的发展和旅游市场的繁荣，旅游业朝向全域化方向发展，各种旅游资源和要素在短时间内大量涌现。相对而言，旅游者的旅游时间和费用却是稀缺的。因此，合理地筛选这些资源要素组合成能够满足旅游者需要的产品，就是旅游者对旅游市场供给的要求。旅游企业进行主题旅游产品的设计，不仅能够有效地满足很多市场的供给，更是细分市场的重要方式。

再次，设计主题旅游产品，是由旅游竞争的外部条件所决定的。因为旅游市场逐渐由卖方市场转变为买方市场，所以旅游市场的竞争主要体现为旅游产品的竞争，而旅游产品竞争的本质就是生产力的竞争。主题旅游产品代表了旅游产品高质量发展的方向，也能够凸显与其竞争产品的特色差别，是旅游企业产品竞争的重要方向。

最后，设计主题旅游产品，是由旅游企业的内部发展所决定的。主题旅游产品不仅体现了旅游企业在产品设计和生产过程中的技术能力，也蕴含着旅游企业自身的文化和特色，是旅游企业品牌塑造的重要基础，也是旅游企业经营发展的重要产品保证。

二、主题旅游产品的内容设计

（一）主题旅游产品的设计原则

设计主题旅游产品需遵循以下原则。

1. 需求性原则

需求性原则要求旅游产品的设计从旅游者的需求出发，以满足旅游者需求为产品设计的最终目的。

2. 合理性原则

合理性原则要求旅游产品的设计具备充分的可行性，安排妥善合理。主题旅游产品的竞争力主要来源于创新和创意，但是无论怎样的创意，在行程的安排、时间的衔接等方面，都必须满足合理性原则。

3. 安全性原则

安全性原则要求旅游产品的设计符合安全标准，避免安全上的瑕疵。在选择旅游目的地时，应避开政局不稳、发生战争、疫病流行、治安不佳的国家和地区。在规划旅游节点时，应该避开交通条件不良或安全设施不足的景区。

4. 主题化原则

主题化原则要求旅游产品的设计主题鲜明，亮点突出，中心明确。需要注意的是，对一款优秀的旅游产品而言，在设计中不能因为强调主题而忽视了需求、合理性和安全性等原则。在此基础上，鲜明的主题可使旅游产品充满魅力，展现出强大的生命力和竞争力。所以旅游行程并不只是各要素的简单叠加，而是应当通过特定的排列组合，成为独特且唯一的主题旅游产品。

5. 不重复原则

不重复原则要求旅游产品的设计在线路规划、要素选择和组合等方面避免重复或雷同。对旅游产品的产销双方（旅游服务商和旅游者）而言，时间都是重要成本。因此，在设计旅游产品时，应慎重选择构成旅游产品的各个旅游节点，尽量避免往返重复的旅程。

6. 多样化原则

多样化原则要求旅游产品的设计丰富多彩，避免单调。如果能够在有限的时间里安排更为丰富、充实的旅游行程，就能够体现出设计者更高的专业水准。多样化原则包括类型多样化和内容多样化。如在“江南水文化主题游”中，如果每天的行程仅仅是西湖坐船、运河坐船、太湖坐船、黄浦江坐船等活动，会因为过于单一而降低旅游产品的主题价值。如果将坐船与水乡漫步、河岸摄影、水上民俗、河鲜美食、水镇夜景、水乡民宿等结合起来，就能有效凸显产品主题的特色。

7. 灵活性原则

灵活性原则要求旅游产品的设计在行程安排方面留有余地，具备一定的弹性。在旅游产品设计中需要明确：因为旅游活动牵涉面广，即使做了充分的准备，有时也难以避免意外情况的发生。同时，如遇到不可抗力，也只能变更或部分变更旅行计划。因此，在设计旅游行程时，日程安排不宜过于紧张，应留有一定的回旋余地，执行过程中也必须灵活掌握，允许局部变通。

8. 效益性原则

旅游效益是旅游者、旅游企业和全社会共同追求的。效益性原则要求旅游产品的设计能够创造价值，满足各方的利益回报。对旅游者而言，在一次旅游行程中，他们希望以最少的时间、最省的精力、最低的费用获得最大的旅游满足。对旅游企业而言，希望在旅游经营中能够实现可持续发展，实现利润最大化的目标。对社会而言，旅游效益应兼具经济性和公益性的双重属性。因为各方对旅游效益的认识各不相同，所以，旅游行程的设计应当做到兼顾各方效益，而不是以牺牲某一方效益为前提，去满足另一方的效益。

（二）主题旅游产品的设计步骤

主题旅游产品的设计一般要经历四个步骤（见图 5－6）。

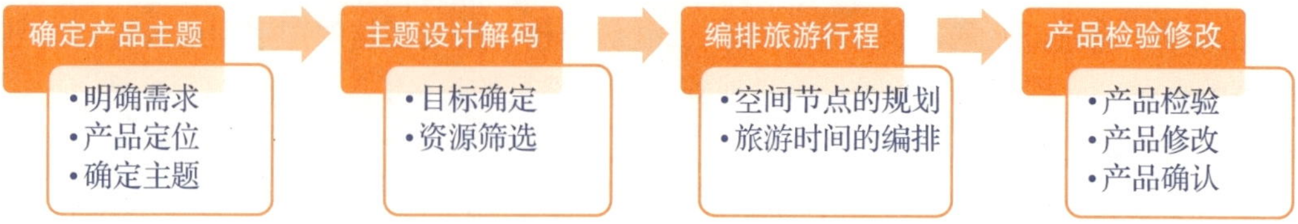

图 5－6　主题旅游产品的设计步骤

1. 确定产品主题

设计一款旅游产品，首先要从确定其主题开始。主题一旦确定，就可以筛选符合主题的资源要素，通过合理的编排组合，形成完整的旅游产品方案。

旅游产品的主题，通常由客户需求、资源条件和企业的生产能力所决定。例如，客户希望到杭州玩两天，但要求避免去人太多的地方，不要太累。旅游企业工作人员通过资源梳理，很快了解到余杭的径山风景宜人，禅茶文化源远流长，乡村休闲闹中取静，符合客人要求，且刚好单位接待部门有同事拥有茶艺师资格证，于是立刻围绕茶文化的主题，设计了一款"'径山尽美'茶文化二日游"旅游产品，很快得到了客户的认可。

2. 主题设计解码

旅游产品的主题一经确定，就可以依据既定主题选择符合其要求的旅游资源和要素，这个过程的实质就是对旅游主题进行"设计解码"。这也是主题旅游产品在规划设计之前最重要的准备工作，通常包括目标确定和资源筛选两个步骤。

（1）目标确定。

目标确定就是将主题具体化的过程，在这个过程中也可以通过目标检验确定下来的主题是否合理。如上文中这款以茶文化为主题的"'径山尽美'茶文化二日游"旅游产品，根据"人少、清净、舒适"的要求，可以拟定以下产品目标：1）住宿选择民宿，并关联茶文化主题；2）用餐选择私房餐厅或精致的农家菜馆，并关联茶文化主题；3）景点选择特色或小众景点，车辆可直达，并关联茶文化主题；4）活动选择开阔大众场地或私密小众场地，有季节特色，可接受夜游安排，并关联茶文化主题；5）购物或衍生品定制，关联茶文化主题。

同时，对旅游企业而言，旅游产品的设计目标并非是单一的，通常包括了经济目标、战略目标、管控目标、个人目标等。经济目标是衡量旅游行程设计的基本目标，如销售收入、利润等；战略目标通常针对旅游企业未来发展制定，如品牌建设、客户管理等；管控目标确立了旅游企业经营中的底线，主要是针对行程中可能出现的重大问题设立风险管控要求，如无重大安全事故、无重大财务风险等；个人目标主要是指有关个人的目标，如报酬等。

正因为目标有多元化的特征，所以目标的确定工作并不是简单罗列目标，也需要考虑到目标的差异性，同时要将概念性的目标变成具体的行动目标，将工作目标和个人目标统一起来，才能够更好地开展工作。

（2）资源筛选。

根据确定的主题和目标，就可以对区域资源进行合理的筛选了。筛选工作既要避免滥竽充数，也要做到避免遗漏，能够优中选优。所以，比较常见的方式就是分类筛选，即根据旅游的六要素等类别，一一筛选符合条件的旅游资源。如在上文的“‘径山尽美’茶文化二日游”旅游产品中，径山文化旅游资源有径山寺、径山古道、径山绿道等。在“旅游景点”这一要素类别的选择中，径山寺是比较符合要求的，可以选入；径山古道是爬山路线，不符合旅游者“不要太累”的旅游需求，就应当删去；径山绿道既是一处景点，又可以开展骑行活动，可以移到“旅游活动”这一要素类别中。

在资源筛选工作中，为了确保优中选优，需要工作人员具备较强的信息收集能力，在日常工作中也可以有意识地进行信息收集归类。在收集信息时，通常可以通过与客户的沟通收集需求信息，通过各种书面资料、网络信息等收集供给信息，通过各类交易会、展示会收集同业方面的信息，通过实地调研收集目的地方面的信息，通过市场调研收集市场方面的信息等。

完成上述工作后，旅游产品设计就已经主题明确、目标清晰、材料充分，这时就可以正式开始对行程进行编排了。行程编排是整个产品设计的核心内容，也是最能体现旅游企业设计能力的部分。

学习微平台

延伸阅读 5-3
门户节点、离境节点、中途节点、中枢节点的选择要求

3. 编排旅游行程

行程编排是旅游行程设计中最重要的环节。筛选出来的旅游资源和要素，经过不同的组合，可以编排出不同的旅游行程。不同的旅游行程编排，自然也能给游客带来不同的旅游体验。在具体的行程编排过程中，最主要的技能体现在对空间节点的规划和对旅游时间的编排上，需要通过深入的理论学习和大量实践工作，才能有效地掌握。

学习微平台

延伸阅读 5-4
旅游线路的空间模式

（1）空间节点的规划。

旅游行程的节点是旅游过程中一系列满足旅游者旅游需求的停留点，主要包括目的地或城市节点、景区节点、餐饮节点、住宿节点、交通节点、特色活动和项目节点、临时节点等类型。节点规划要本着时间最省、路径最短、性价比最高、游览内容最丰富，进得去、散得开、出得来的原则，注意旅行顺序和旅行节奏的安排。当所有节点规划都已完成的时候，还需要重新审视整体行程的要素节点分布情况，使整体行程张弛有度，行程中各要素比例协调，各要素之间搭配和谐。

学习微平台

延伸阅读 5-5
景区节点布局的主要步骤

（2）旅游时间的编排。

在旅游行程编排中，和节点规划同等重要的是时间的编排。旅游时间的编排包括：1）编排行程总时间。在编排时，可综合考虑决定旅游者旅游行程总时长的因素。2）编排各节点时间。节点时

学习微平台

延伸阅读 5-6
决定旅游者旅游行程总时长的因素

学习微平台

延伸阅读 5-7
景区节点时长安排的影响因素

间的编排需注意，要适当留有余地，以免因意外事件的发生、游客需求的变更等原因节点停留时间发生改变后，对后续节点的时间安排造成太大的影响。3）编排时刻点。游客在行程中每个节点的停留，不仅要有相对的时间长度，还需有具体的时刻点。在行程编排和时刻点的确定中，必须把握好精准和模糊的辩证关系。有些旅游项目是要求分秒不差的，如指定时间开始的演出活动、指定时间出发的交通工具等；而有些活动对时间的要求会相对宽松一些。所以，如果每项活动时间都定得严丝合缝，会造成旅游行程过于死板僵硬；而如果时间全部是模棱两可的，也容易造成行程的无序和混乱。同时，旅游活动中常常有意外发生，如果旅游行程时间编排得过于紧凑，将很难有足够时间应对突发的意外情况。

4. 产品检验修改

最后，在完成主题旅游产品设计后，还需要对产品进行检验。主要检验三个方面：一是行程的编排是否合理，时间、空间节点安排是否恰当；二是产品的整体设计是否能够有效突出产品的主题和特色；三是通过投放市场，检验产品是否能创造用户价值和商业价值。通过检验，验证产品设计中的优点和不足，并进行及时的修改，最终形成成熟的主题旅游产品。

三、主题旅游产品的视觉呈现

主题旅游产品的视觉呈现，是指运用视觉符号传达旅游产品说明书的各种信息。怎样才能做好一份主题旅游产品说明书呢？很简单，就是从旅游者的角度出发，使自己编制的产品说明书能让一个旅游“小白”也可以简单、流畅地使用这个产品——知道产品是什么、该怎么用。

（一）主题旅游产品说明书的内容

主题旅游产品说明书的内容框架包括以下几部分。

1. 产品名称

产品名称应直观明了，一般可采取“旅游目的地国家或地区名称 + 行程天数 + 必要的产品特色描述”的形式进行表述。如：“中国浙江安吉云上草原 3 日 2 晚私家团”“张家界 + 天门山 + 凤凰 5 日 4 晚跟团游 · 自营 16 人纯玩”“西班牙葡萄牙两国 12 日悠闲之旅”“‘纷繁榆林 · 与象同行’西双版纳 6 天 5 晚亲子自然课堂”。产品名称中包含的旅游目的地国家或地区的名称应当规范、准确，宜使用国家或地区的全称，使用简称时应避免引起误解和产生歧义。行程天数应按照自然日计算，包括旅游者搭乘交通工具的时间，不足 24 小时的以一日计。

2. 产品特色

产品特色应是产品吸引用户的亮点和其区别于竞争者的优势所在。可以从交通安排特色、住宿安排特色、用餐安排特色、游览安排（活动设计）特色、服务安排特色等方面予以归纳总结。产品特色的描述应真实、客观、简洁，突出产品的亮点和优势，对旅游行程的特色描述应可以实现。

3. 行程安排

行程单或产品说明书应对旅游行程进行详细说明和介绍，包括集合时间和地点、旅游结束时间和地点、日程安排、履行辅助人、住宿、餐饮、交通、娱乐、购物、游览、另行付费旅游项目等各旅游要素的具体安排和相应标准等。宜采取表格、图片等方便旅游者阅读的形式，以时间顺序进行说明和展示。对履行辅助人，以及住宿、购物、另行付费项目的说明，在旅游行程单中无法展开的，可在说明书其他部分另行说明。此外，旅游活动的地点宜通过图示的方式在旅游行程单中说明。

4. 计价与报价

在说明书中应对旅游费用进行说明。费用说明一般应包括“旅游费用包含内容”与“旅游费用不包含内容”两部分。安排导游提供服务的，应说明导游服务费用的金额或标准；可采取每名旅游者每天费用标准，或每名旅游者全程导游服务费的标准进行标注。旅游费用所包含的项目应进行说明，如：导游、司机服务；餐饮安排；交通安排；景区（点）门票；住宿安排；娱乐项目；签证、签注服务等。旅游费用所不包含的项目也应进行说明，如：人身意外伤害等保险费用，并应书面建议旅游者购买；需要自行办理旅游证件的费用，如护照、通行证等；单间差及加床费用；合同约定的另行付费旅游项目费用；旅游者向服务人员自愿支付的小费；自行安排活动期间产生的费用；旅游过程中发生的旅游者个人费用；合同及说明书未约定由旅行社支付的其他费用。

5. 其他事项

其他事项，主要是购买须知（特别是组团形式）、行前准备说明、旅游安全提示、文明旅游提示、旅游者意见反馈途径和投诉途径、旅行社信息说明（若委托地接社在旅游目的地提供接待服务的，应说明地接社名称、地址、联系人、联系方式）、旅行社人员服务（应在说明书醒目位置写明旅行社的紧急联系人姓名和联系方式，以便旅游者紧急情况下联系，若能提供导游、司机的联系方式更好）等内容。在说明书中要注明组团形式，以散客拼团的方式组织旅游的，应说明散客拼团可能给旅游行程和旅游体验造成的影响，如先行抵达旅游目的地的旅游者，需要在目的地机场、车站等候其他出发地的客人到达，以便集体乘坐当地旅游车辆等。如存在可能转团的情况，也应在说明书中将可能的情形说明，并说明可能实际提供服务的旅行社信息。代理售卖其他旅行社的包价旅游产品，也应当在说明书中说明，明示委托社的名称、旅行社经营许可证编号等信息。

（二）主题旅游产品说明书的视觉设计

主题旅游产品说明书的视觉设计应注意以下几点。

1. 凝练文字

第一，文字使用要符合规范性要求：避免错别字；正确使用标点符号；正确使用序号；正确使用敬辞、谦辞；避免文字禁忌；照顾到客户的文化差异。

第二，文字表达要符合审美性要求：条理清楚，有逻辑性；修辞得当，有趣味性；故事生动，有可读性；词句优美，有吸引力；数字准确，有说服力；格式美观，有视觉冲击力。

2. 善用图片和视频

相比文字，图片和视频更能吸引客户的注意力，有效传递信息。在使用图片和视频时要注意避免出现以下问题：信息虚假（图文不符）；版权问题；政治相关；血腥暴力；缺失模糊；元素失衡等。图片和视频的选取要突出重点、突出特色，彰显优势，最大限度地满足客户的期望。

3. 美化排版

图文排版要满足客户获取信息和审美的双重需求，层次分明地将有关信息一一展现出来，使客户感到赏心悦目的同时，能轻松获取产品的关键信息。报价拆分要清晰合规，尽可能使客户在轻松愉悦的阅读氛围下了解相关信息。整体设计要大方简洁，在大处彰显总体设计美，在小处体现设计质感。优秀的排版设计往往具有以下共性：一是文字看着不累；二是信息层次分明；三是设计感强烈；四是元素搭配和谐；五是版面风格恰当。在编写产品说明书文案时，可使用 Word 或 WPS 文档处理软件进行编辑，插入表格、图片和视频，最后导出 PDF 文件。

任务实施

旅游产品说明书比较分析

在旅游电商平台查找几款感兴趣的主题旅游产品，比较它们的产品说明书，说说这些产品说明书都包括哪些共性内容、你更喜欢哪一款产品说明书、你的理由是什么。

班级 ____________

姓名 ____________

学号 ____________

成绩 ____________

任务实训

实训主题	设计一款主题旅游产品
实训目的	通过实训，学生掌握对旅游产品的主题进行设计解码的技巧以及围绕旅游产品的主题编排旅游行程的技巧
实训内容	选择某特定的旅游主题，分析围绕该主题设计旅游产品的可行思路和涉及的要素分布。根据分析成果，编排一个为期三天的旅游行程，并提交主题旅游产品说明书
实操实训	1. 写下拟分析的旅游主题的基本信息 主题名称： 主题简介： 目标受众： 价值传递：
	2. 写下拟设计主题旅游产品的基本信息 产品名称： 产品特色： 目标受众： 行程简介：

班级________ 姓名________ 学号________ 成绩________

考核评价

知识点和学习评价一览表

序号	知识评价点	自我评价结果			备注
		掌握	基本掌握	未掌握	
1	什么是主题旅游产品				
2	旅游产品的主题分类				
3	为什么要设计主题旅游产品				
4	主题旅游产品的设计原则				
5	主题旅游产品的设计步骤				
6	主题旅游产品的视觉呈现				
7	你认为本任务最有价值的内容是什么？对你有什么启发？				

班级________

姓名________

学号________

成绩________

任务拓展

数字资源：旅游线路产品说明书案例点评

任务三 研发研学旅游实践活动课程

任务准备

一、什么是研学旅游实践活动课程

研学旅游实践活动课程，是研究性学习和旅游体验相结合的校外教育活动课程，是学校教育、社会教育、家庭教育相衔接的实践性学习内容，它通过“教学做合一”的理念、方法和模式，根据学生的成长规律和特点，设计不同类型的研学课程，旨在培养学生核心素养，实现素质教育目标，落实立德树人根本任务。

二、研学旅游实践活动课程的研发原则

依据教育部等 11 个部门联合发布的《关于推进中小学生研学旅行的意见》和教育部发布的《中小学综合实践活动课程指导纲要》，研发研学旅游实践活动课程应遵循以下原则。

（一）教育性原则

研学旅游实践活动课程要结合学生的身心特点、接受能力和实际需要，注重知识性、科学性和趣味性，着力培养学生的社会责任感、创新精神和实践能力。只有把教育性原则放在第一位，才能避免“只旅不学”或者“只学不旅”的现象。

（二）实践性原则

研学旅游实践活动课程要因地制宜，呈现地域特色，引导学生走出校园，在与日常生活不同的环境中拓宽视野、了解社会、亲近自然，在实践中检验真知、产出真知，提高学习效率，丰富知识与体验，充分促进学生知与行、动手与动脑、书本知识与生活经验的结合和统一。

（三）安全性原则

研学旅游实践活动作为校外活动，其范围广、开放性强，因此，安全性是研学旅游实践活动课程研发时的重要考虑因素，要坚持安全第一，建立安全保障机制，明确安全保障责任，落实安全保障措施，确保学生安全。

（四）开放性原则

研学旅游实践活动课程以世界为书本，活动内容具有开放性，因此，研学旅游实践活动课程研发要基于学生已有经验和兴趣专长，打破学科界限，选择综合性活动内

容，鼓励学生跨领域、跨学科学习，为学生自主活动留出余地。

（五）连续性原则

研学旅游实践活动课程的研发应基于学生可持续发展的要求，设计长短期相结合的主题课程，使课程内容具有递进性。要使课程内容由简单走向复杂、课程主题向纵深发展，不断丰富课程内容、拓展课程范围，促进学生综合素质的持续发展。

三、研学旅游实践活动课程的类型

依据教育部等 11 个部门联合发布的《关于推进中小学生研学旅行的意见》，研学旅游实践活动课程可分为地理类、自然类、历史类、科技类、人文类、体验类六大类型，具体课程内容见表 5－3。

表 5－3 研学旅游实践活动课程的类型及内容

课程类型	内容
地理类	观测天文气象，考察地质地貌、自然地理环境，观察、欣赏地理景观及自然地理要素，考察地质公园，参观地质博物馆、工业基地，调查乡镇、农村、城市分布，考察农业、工业和服务业布局等
自然类	欣赏自然现象与景观、自然资源、自然生态、自然规律等，探究自然保护区、风景名胜区、地质公园、矿山公园、森林公园、湿地公园、水利风景区、生态旅游区等自然保护地
历史类	参观、考察历史文化名胜古迹、历史博物馆、各类遗址及遗址公园、历史人物纪念馆、名人故居、爱国主义教育基地、红色教育基地，调查古村落、古道、老街历史，开展历史人物家风、家训探源等
科技类	参观、考察科技馆、动物园、植物园或博览园，以及与科技有关的各种博物馆或博物院，参加野外科考活动、科学设计与制作活动、实验活动，探究生活中的科学等
人文类	参观、考察各种主题公园、人文景观、大学校园、民俗博物馆，参观各种艺术馆、演艺影视城，参加民俗活动，了解民族风情，参与国学活动，学习方言土语，体验非物质文化遗产项目，了解、鉴赏和评价饮食文化、服饰文化、建筑文化、书画音乐文化、商业文化等
体验类	依托综合实践活动基地、劳动教育基地、团队拓展基地、国防教育基地、军营、体育训练基地、现代生产企业等场所，通过从事生产劳动、军事训练、团队拓展、职业体验、体育培训等形式，达到丰富身心体验、提升精神风貌和促进团队协同等目的，培育自我发展、健康生活、勇于拼搏、团队合作等素养

四、研学旅游实践活动课程的客群类型分析

研学旅游实践活动课程客群以中小学生为主体和中心，据统计，我国在校中小学生人数约为 1.84 亿人，这一群体在旅游市场中占据着重要地位。学期内，由教育部门和学校有计划地组织安排中小学生参加研究性学习和旅行体验相结合的校外教育活动；学期外，以亲子家庭为主要客群，由家长利用寒暑假期等有计划、有目的地带孩子外

出参加研学旅游实践活动。

因此，在进行研学旅游实践活动课程研发时，要结合中小学生的兴趣爱好和身心特点，对研学内容、时间安排、活动距离、线路规划等进行充分考虑。

五、研学旅游实践活动课程研发的步骤、方法

研学旅游实践活动课程研发是一项复杂而系统的工作，涉及教学、旅游、交通、餐饮、住宿等多个领域，我们在研发时，需要遵循一定的步骤（见图 5－7），采用正确的方法，以确保后期研学旅游实践活动课程的顺利开展。

图 5－7　研学旅游实践活动课程研发的步骤

（一）步骤一：需求调研

研学旅游实践活动课程研发应把研学课程需求调研作为第一步。脱离了需求的课程方案就犹如空中楼阁，只有将需求全面细致地调查清楚，才能设计出有针对性、有实用价值的研学旅游实践活动课程。

研学旅游实践活动课程需求调研通常从基本信息、课程需求、接待标准、以往案例四个维度进行。这四个维度需要调研的内容具体如下。

1. 基本信息

（1）出行日期和出行天数；

（2）出行人员情况，如出行人员的数量、结构等。

2. 课程需求

（1）研学旅游实践活动课程的主题方向；

（2）研学旅游实践活动课程的目标期待；

（3）研学旅游实践活动课程的内容，包括研学地点、学习方式等。

3. 接待标准

（1）对用餐、住宿、大交通等的要求；

（2）研学旅游实践活动课程的预算要求；

（3）一些关于接待工作的特别要求。

4. 以往案例

（1）以往开展的研学旅游实践活动课程的主题和内容；

（2）以往开展的研学旅游实践活动课程的接待标准和费用情况；

（3）以往开展的研学旅游实践活动课程存在的优点和不足。

以上基本涵盖了研学旅游实践活动课程需求调研的内容，课程研发者可以根据实际情况进行增减。在需求调研之后，对调研内容进行研究分析，能够为后续课程研发打下基础。

（二）步骤二：主题设计

课程主题是研学旅游实践活动课程的灵魂，是整个研学旅游实践活动课程内容和方向的基调。研学课程主题源于消费者的课程需求，课程研发者应基于前期的需求调研，明确此次研学的主题方向、目标期待和研学地点、学习方式。研学课程主题设计要符合学生兴趣，体现教育价值，最终形成一个简洁、精练而又蕴含哲理的标题。

研学课程主题的设计切口要小，要让人看到主题就能知道去哪儿、研什么，例如“书法圣地，探寻‘之’旅”，看到主题就知道此次研学的目的地是绍兴兰亭，走进王羲之的书法名作《兰亭集序》诞生之地，感受中国书法的博大精深。

研学旅游实践活动课程主题设计的一般方法如下。

1. 谐音法

谐音法是灯谜常用的猜制法门之一。它主要是利用汉语中同一读音往往有多个形义不同的汉字的特点，采取声东击西、偷梁换柱的手法，假借此字之声音而指彼字之形义，从而达到面底相扣的目的。为研学课程主题命名，可以借鉴这种方法，例如“‘粽’情端午，与你同游”，这里利用“粽”与“纵”谐音的特点，更贴切地体现研学旅游实践活动课程主题。

2. 指代法

指代的意思是用抽象概念代替具体事物，例如，“走进圣人故里，感受儒家文化”，这里的“圣人故里”指代的是山东曲阜，这样的方法往往能使标题的立意更加凸显。

3. 抽取关键内容

如果暂时无法设计满意的研学课程主题，可以先跳过，待研学旅游实践活动课程内容设计完成之后，再深度研读整个课程方案，抽取关键内容，确定研学课程主题。例如“瞻仰红船精神，铭记初心使命”，浙江嘉兴南湖是中国革命红船的启航地，红船精神是嘉兴红色文化的根基和灵魂，承载着中国共产党的初心和使命，因此“红船精神”“初心使命”作为关键内容被抽取出来，确定为研学旅游实践活动课程主题。

（三）步骤三：目标确定

研学旅游实践活动课程目标是选择课程资源、设计课程内容的重要依据及开展研学旅游实践活动的最终目的。研学课程内容是为了实现课程目标而存在的，同时研学课程内容又影响着课程目标的确定，一般来说，在设计具体的研学课程内容之前必须明确研学课程目标。

研学课程目标的确定是一个对多种信息进行挖掘、提炼、归纳、总结、提升的过程，要基于消费者的期望目标、学段学情分析、研学课程内容、研学课程资源特色来制定研学课程目标。

研学旅游实践活动课程关注的是学生综合能力的培养，所以研学课程目标应当是一个多维度、多层次的目标体系，至少包括知识、能力、思想情感三个维度。研学课程目标的确定可采用 ABCD 法，即一个完整的研学课程目标包括 A、B、C、D 四个要素，具体如下：

A（Audience）：行为主体，也就是学习者，这里指学生，是目标表述中的主语。行为目标在描写时应指向学生的学习行为而不是教师的教授行为。规范的行为目标开头应当清楚地表明达成目标的行为主体是学生。

B（Behavior）：行为动词，说明通过学习学生应能做什么，是目标表述句中的谓语和宾语。这是目标表述中最基本的成分，不能省略。课程目标应采用可观察、可操作、可检验的行为动词来描述。例如“能背诵……”“能辨认……”“能评价……”等描述。

C（Condition）：行为条件，说明上述行为在什么条件下产生，是目标表述句中的状语。例如“通过体验采茶、炒茶、品茶等活动，学习……”“通过参观人民英雄纪念碑，感受……”等。

D（Degree）：表现程度，规定学生达到上述行为的最低标准，用来测量学生学习的结果所达到的程度。如“准确无误地说出……”“详细地写出……”“客观正确地评价……”等表述中行为动词的状语部分，限定了目标水平的表现程度，以便检测。

把 A、B、C、D 四个要素综合在一起，就可以写出一个完整的研学课程目标，例如“通过参观城市规划馆、聆听专家讲解，学生了解北京城的发展历史及城市规划的相关知识，能够准确无误地说出三个中轴线建筑的发展及作用”。在本目标中，“通过参观城市规划馆、聆听专家讲解”是行为条件，“学生”是行为主体，“准确无误地”是表现程度，“了解”和“说出”是行为动词。

注意：采用 ABCD 法，并不意味着四个要素必须一应俱全。其中只有行为动词不能省略，而其他三个要素都可以根据具体情况适当省略。

（四）步骤四：资源选择

研学旅游实践活动课程的魅力在于走出校门，把社会当作课堂，把万物作为书本。因此，祖国的一草一木、家乡的一砖一瓦都是丰富的研学课程资源，承载着家国情怀、文化根本。研学旅游实践活动课程要基于消费者的课程需求、课程主题、课程目标等来进行资源选择，具体操作如下：

（1）查找课程资源。根据研学课程的主题和目标，同时结合学情分析，对与研学目的地相关的一切可能用于研学课程的各种资源、场景进行信息收集和整理。

（2）筛选课程资源，核实信息，实地考察。首先，对查找到的课程资源进行筛选，以选择可行的、最佳的研学课程资源。其次，需要进行信息核实，可利用电话或者电子邮件等方式，联系研学课程资源的负责方进行信息核实。最后，前往研学资源地实地考察，为下一步研学课程内容设计做准备。

（五）步骤五：内容设计

研学旅游实践活动课程内容指以研学课程目标为依据，遵循不同学段学生的身心发展规律，对学生所要学习的内容选编而成的研学课程体系。研学旅游实践活动课程内容设计通常采用任务驱动式学习和体验式学习相结合的方式。

任务驱动式学习，是指围绕任务展开学习，以任务的完成结果检验和总结学习过程等，改变学生的学习状态，使学生主动建构探究、实践、思考、运用、解决的高智慧的学习体系。在这个过程中，学生还能不断地获得成就感，可以进一步激发他们的求知欲望，逐步形成一个感知心智活动的良性循环，从而培养出独立探索、勇于开拓进取的自学能力。

体验式学习，是指通过精心设计的活动、游戏和情境，让学生亲身实践、动手体验，获得新的感受和认识，并把它们运用到现实生活中，从而实现自我知识、能力以及态度的提升与重构。

（六）步骤六：行程安排

通过前面的工作明确了研学课程的资源地和学习内容、学习方式，接下来就可以结合消费者对服务保障的需求，开始安排研学旅游实践活动课程的行程了，主要涉及交通、住宿、餐饮和研学线路设计。其中，交通、住宿、餐饮需根据消费者需求和预算进行合理安排。研学线路设计是行程安排的重中之重，需重点说明。

研学线路的设计是指研学行程中连接各个研学地点的具体路径安排，大到城市与城市之间的线路，小到一个城市中连接研学地点、餐厅、住宿地点的线路。在设计研学线路时一般遵循以下原则：

（1）合理选择交通方式，不走回头路。

（2）合理规划线路时间，保证研学课程准时进行。

（3）保证线路安全，排除安全隐患。

（七）步骤七：方案撰写

研学旅游实践活动课程研发的最后一步是研学课程方案的撰写。研学课程方案对于实施者来说是设计图纸和依据，因此，研学课程方案的内容应简明精准，使相关工作者能够根据研学课程方案快速、清晰地理解研学课程目标、课程内容以及行程安排等。

研学课程方案需包含以下三大要素：

（1）研学课程介绍：包括研学课程主题、研学课程对象、研学课程地点、研学课程目标、研学课程准备、研学课程特色、研学课程思维导图等。

（2）研学单元课程说明：包括单元课程地点介绍、单元课程主题、单元课程目标、单元课程内容、学习形式、课程时长、课程工具、学习流程等。

（3）服务保障说明：包括研学行程安排、服务标准、注意事项、安全预案等。

根据研学课程需求，选择适合研学课程方案的要素，将这些要素按照一定的逻辑搭建起来，就可以完成研学课程方案的撰写，下面的“任务实施”栏目提供了一种常用的研学课程方案结构。

学习微平台

案例分享 5-1
浙里“横”精彩——审美艺术主题杭州横店 5 日夏令营

任务实施

研学课程方案的结构样例

<table>
<tr><th colspan="4">第一部分：介绍研学课程</th></tr>
<tr><th colspan="2">项目</th><th>内容</th><th>解读</th></tr>
<tr><td colspan="2">研学课程主题</td><td>在方案封面及内页写明研学主题</td><td></td></tr>
<tr><td colspan="2" rowspan="2">研学课程说明</td><td>根据需求调研分析写明研学课程的介绍或背景</td><td>言简意赅，突出重点</td></tr>
<tr><td>撰写课程亮点</td><td>提取课程内容的亮点或重点</td></tr>
<tr><td colspan="2">研学课程目标</td><td>明确的研学课程目标</td><td>注意研学课程目标的制定原则</td></tr>
<tr><td colspan="2">课程思维导图</td><td>用思维导图阐述每个课程单元的逻辑关系和课程整体架构</td><td></td></tr>
<tr><th colspan="4">第二部分：说明研学课程单元</th></tr>
<tr><th colspan="2">项目</th><th>内容</th><th>解读</th></tr>
<tr><td rowspan="4">行前课</td><td>课程主题</td><td>品读课程主题</td><td></td></tr>
<tr><td>学习内容</td><td>N课时课堂授课（品读知识内容）；
推荐书籍及相应媒体资料；
行前课（安全教育及分组、职责要求、行程讲解及注意事项）</td><td></td></tr>
<tr><td>学习目标</td><td>行前课程目的</td><td></td></tr>
<tr><td>课时安排</td><td></td><td></td></tr>
<tr><td rowspan="8">行中课（课程单元一）</td><td>课程地点介绍</td><td>课程地点简介（100字以内）</td><td>可以根据研学地点区分行中课程，同一研学地点可以安排多节不同主题的课程</td></tr>
<tr><td>学习主题</td><td>课程的学习主题</td><td></td></tr>
<tr><td>学习目标</td><td>课程的学习目标</td><td></td></tr>
<tr><td rowspan="5">学习内容</td><td>具体内容</td><td></td></tr>
<tr><td>教学方式（参观式、体验式、研究性学习等）</td><td></td></tr>
<tr><td>学时安排</td><td></td></tr>
<tr><td>学习流程</td><td></td></tr>
<tr><td>学习成果</td><td></td></tr>
<tr><td rowspan="4">行中课（课程单元二）</td><td>课程地点介绍</td><td></td><td></td></tr>
<tr><td>学习主题</td><td></td><td></td></tr>
<tr><td>学习目标</td><td></td><td></td></tr>
<tr><td>学习内容</td><td></td><td></td></tr>
<tr><td colspan="4">备注：可根据研学旅游实践活动课程实际情况增加单元课程</td></tr>
</table>

成绩________ 学号________ 姓名________ 班级________

续表

第三部分：说明服务保障		
项目	内容	解读
行程安排表	准确日期	
	每日主题	
	研学地点	
	活动内容简述	
	每日食宿	
服务保障标准	服务保障标准细则	
	服务准则	

任务实训

实训主题	红色研学产品研发
实训目的	通过实训，学生掌握研学旅游实践活动课程研发的步骤和方法
实训内容	以小组为单位，结合所在地区的红色旅游资源，策划一款暑期亲子红色研学旅行产品
实操实训	1. 课后分小组完成产品研发 在规定时间内提交完整的产品说明书，要求包括：产品名称、适用对象、行程安排、研学课程方案
	2. 课堂现场进行作品展示 每个小组作品展示时间 5 分钟
	3. 教师点评 教师对每组作品进行点评、总结

班级______ 姓名______ 学号______ 成绩______

考核评价

知识点和学习评价一览表

序号	知识评价点	自我评价结果			备注
		掌握	基本掌握	未掌握	
1	什么是研学旅游实践活动课程				
2	研学旅游实践活动课程的研发原则				
3	研学旅游实践活动课程的类型				
4	研学旅游实践活动课程的客群类型分析				
5	研学旅游实践活动课程研发的步骤、方法				
6	你认为本任务最有价值的内容是什么？对你有什么启发？				

班级________ 姓名________ 学号________ 成绩________

任务拓展

数字资源：研学旅游实践活动课程案例

任务四 提高产品表达力

任务准备

一、什么是产品表达力

好的产品自己会说话。因为旅游产品的生产和消费具有同步性的特点，旅游产品的体验是后置的，所以产品的表达力就非常重要。所谓产品表达力，就是指用户所能感知和理解的旅游产品的价值。

二、为什么要提高产品表达力

学习微平台

案例分享 5-2
丽江雪山小镇，
水墨求婚 18 式

在信息大爆炸的时代，网络上的信息和产品实在是太多了，很多产品根本就进入不了用户的视线，这是流量的问题；而有些产品进入了用户的视线，用户已经看到了产品，进入了产品的页面，但对文案、图片、视频不感兴趣，很快也就划走了，产品没有吸引住用户，这就是产品表达力的问题。

提高产品表达力，有助于留住用户，提高转化率。现在与用户的沟通基本都线上化了，我们需要通过文字、图片等传达出产品价值，让用户感知到。如果产品线上可感知的价值大大提升，就能减少线下和电话销售，从而降低成本、提高效率。

三、无形的服务，有形的“门面”

旅游产品生产和消费的同步性特质，使得其服务质量难以在消费前被用户识别。因此，无形的服务需要通过照片、视频、宣传册、文字介绍、员工形象、企业形象、用户好评等有形的信息展示出来，以增强产品的吸引力，即旅游企业将自身的服务特色和服务品质进行有效的实物化，并通过可视化的展示，使产品更容易被潜在目标用户把握和感知。

需要注意的是，在展示时，相关信息一定要真实、可信。在一个透明的数字化世界中，想要掩盖污点、分流用户反馈是绝不可能的，依靠虚假宣传且产品质量低劣的企业和品牌必然会被淘汰。

四、怎样的产品宣传页面才能吸引用户

（1）产品的宣传页面，一定要有明确、醒目的销售卖点，用图文吸引住用户的视

线，同时需要把产品特色、服务安排等介绍清楚。

（2）信息排序时，要把重要信息、用户感兴趣的信息放在前面。

（3）要做好价值传递，即把产品的价值感和亮点提炼出来。如对于旅游线路，要说明白：为什么去这里；为什么这样设计；这样安排的好处有哪些；有哪些差异化的地方；酒店、餐饮、导游、车辆、活动、软件和硬件有什么亮点；为什么这个产品适合用户；产品为什么值这个价格；等等。产品价值传递的过程，就是说服潜在用户的过程。

（4）品牌渗透。如果在产品详情页中能够放入自己品牌的介绍，如人群的定位、坚持的价值观、创始人的故事、品牌理念等，有助于用户进一步了解品牌并产生好感。人们对物的消费，实质上是对物背后所承载的符号意义的消费①。

（5）信任构建。旅行产品消费是一个重决策过程，用户在付款之前往往会对产品和品牌进行观察，当不断积累的信任大于付费的顾虑时，付款按钮就按下去了。在这个过程中以往的用户好评、企业荣誉，甚至退改政策以及承诺等都会影响用户对产品的信任值。

总的来说，旅游产品详情页是承接用户兴趣点的关键环节，其内容设计要符合用户的阅读和认知习惯，减轻阅读焦虑，字体、色调设计等都要与产品的价格、品牌和调性相对应。具体来说，旅游产品详情页的设计要注意以下几点：

（1）整体版面能吸引用户停留。

（2）符合信息接收习惯（位置、行程线路图、每天的安排表；产地、功能、生产工艺；活动场所、内容、时间安排）。

（3）让产品看起来好卖。

（4）排版、字体、色调符合产品调性和审美。

（5）减少文字、降低阅读成本。

（6）不需要手指多次上下滑动，信息有层次，减轻阅读焦虑。

学习微平台

案例分享 5-3
听黑龙江讲故事

五、用户好评就是最好的宣传文案

营销 4.0 时代，用户的选购过程比过去更加社群化，在选购时他们更为关注社交圈子提供的意见，会从线上和线下两种渠道综合他人的建议和评价来辅助决策。因此，用户好评就是最好的宣传文案。不妨将用户好评集中展示，并请求用户同意企业在商业广告、直邮包裹、产品册中引用他们的评论。值得注意的是，用户对刷好评的行为深恶痛绝，真实的用户好评和使用反馈才能更好地提升下单转化率和购物体验满意度。

企业必须意识到，用户共同描绘了企业和品牌的形象，且这种形象往往与企业和品牌的构想大相径庭。互联网，尤其是社交媒体，提供了这种形象重构所需的平台和工具。对旅游消费者来说，他们不再是被动的目标，而是成为传播产品信息的活跃媒体，像旅游社交网站就是通过社交 + 旅游吸引用户。SNS、游记、攻略、点评等都是凝聚用户的方式。企业可以通过这些吸引并留住用户，将旅游这种低频需求转化成频

① 让·鲍德里亚.消费社会［M］.刘成富，全志钢，译.南京：南京大学出版社，2014.

度相对稍高的需求，给用户提供消费决策支持。例如穷游网、马蜂窝就是以旅游攻略为主，借此吸引用户。

这意味着，企业过去对营销传播占据主导权，能把用户意见分流处理的情况发生了改变，有了社区生产的内容，企业就失去了对话的主导权，限制内容就会削弱可信度。企业必须时刻准备迎接出现问题时社会上的各种质疑和抵制的声音，做好舆情应对。

六、新媒体海报及 H5 创作

在移动互联网时代，新媒体海报和 H5 旅游广告是旅游企业常用的提高产品表达力、吸引用户注意力的方法。

（一）新媒体海报

新媒体海报是一种通过视觉传递形式，依托数字媒体与网络技术，将图片、文字、色彩、空间等要素进行结合，并在互联网媒体上进行展示的广告宣传方式。当前除了用专业的 Photoshop 软件制作海报外，还有一些简单易上手的海报制作平台，如创客贴、可画、图怪兽等。

（二）H5 旅游广告

H5 旅游广告是建立在互联网编程语言基础上的一种广告形式，它运行于电脑、智能手机等平台，在进行旅游宣传时通过 H5 技术，利用手机传感器、手机触摸屏操作、广告画面呈现等创意设计，实现旅游广告营销的目的。国内常用的 H5 制作平台有易企秀、MAKA、人人秀、意派、兔展、iH5、初页等；国外有 Weebly、Wix、Hype、Adobe Edge 等。

以 MAKA 为例，快速制作 H5 旅游广告的流程如下：

（1）注册与登录账号。

（2）选择和使用模板。

（3）H5 内容设计。内容设计的步骤到点击“互动”工具就完成了。

（4）预览保存、分享和查看。编辑完成后，点击“预览”保存，系统会弹出作品二维码页面，可以点击“更新封面”修改作品封面，点击输入框编辑作品题目和作品简介，让作品更容易被传播分享。然后复制作品链接至微信好友或朋友圈即可分享该作品。分享后，可在平台查看作品流量和访问数据，也可以在实时访客中实时收集微信生态（朋友圈、群聊、个人聊天）中作品的访客信息，包括访客的微信头像、昵称及访客行为，精准定位到传播达人。

（三）新媒体海报及 H5 的创作思路

无论是新媒体海报还是 H5，都是为了有效传递信息、精准营销，二者都需要利用数字化手法进行图形、色彩、文字等要素的设计，进行合理排版。因此，图文设计对二者来说都是非常重要的一环。高颜值的图文设计不仅可以将新媒体海报及 H5 的主题很好地表达出来，还能产生强烈的视觉感染力。

1. 明确受众，寻找亮点

受众覆盖率的高低与新媒体广告能否成功是成正比的。进行新媒体海报及 H5 创作，首先要熟悉产品，了解目标受众的需求与愿望，找到能够唤醒目标受众情绪的点。有研究表明，人们 80% 的购买行为都产生于感性的情绪，而不是理性的逻辑。因此，让人们关注产品并且决定购买的最重要的一点就是：唤醒用户的购买情绪。不妨去目标受众聚集的社交平台上，看看他们在讨论什么、表达什么、宣泄什么。那些讨论最热烈的话题里面一定包含着情绪的“导火线”。当找到情绪“导火线”后，就要想办法点燃它。尝试在文案、海报、宣传语中，融入能够唤醒用户情绪的元素，通过情绪唤醒的力量，抓住用户的眼球。

2. 确定风格，收集素材

在明确了新媒体海报及 H5 的设计目的、产品亮点后，要根据市场需求确定设计风格，如海报可以选择国潮风、科技风、简约风、剪纸风、波普风等，H5 的表现形式可以是幻灯播放类、视频交互类、游戏互动类、技术驱动类、场景模拟类、个性化 H5 等。在弄清楚设计的海报或 H5 是给谁看、重点有哪些、用什么风格表达之后，就要着手收集相关素材，再对素材进行归纳分析，围绕创意进行选择。在平时积累的过程中，营销人员可以有意识地将可能用到的素材分门别类建立一个素材库，并标注出自己的灵感，方便制作时快速找出。

3. 制作排版，精心调整

营销人员要通过对文字、图形（视频）和色彩这三要素进行创造性的安排，赋予其在特定语境下的独特含义，借此向目标受众传达要表达的想法、信息等。在为数不多的页面内进行选择性设计，要把握好目标受众的心理状况，灵活应用场景进行内容传输，争取让用户在打开新媒体海报或 H5 页面的瞬间获得惊喜，进而主动进行分享。在制作排版时要注意以下几点：

（1）文字设计。

可通过字体大小、粗细、长短、疏密、方向、类型、颜色、图文、立体与扁平、局部与整体等对比的方法，帮助目标受众一眼找出重要（关键）信息，吸引其注意力。

（2）图形设计。

需主题鲜明、简洁明了；创意新颖、形象突出；真实可信、情景感人；手法多样、富有情趣；图文统一、互相呼应。

（3）色彩运用。

要契合主题氛围，避开目标受众所在国家和地区的颜色禁忌。

（4）构图设计。

1）突出视觉焦点，以方便目标受众在短时间内注意到关键信息。

2）凸显信息层次，可让目标受众清晰地辨别出要素之间的主次关系。

3）巧用引导线条，如导航图一样，巧妙地通过实线、虚线和形状来制造引导动线，指引用户视线。

4）注重量感平衡，可通过不同元素位置、大小、形状的对称（或不对称）来达到视觉平衡，有时不对称会显得更加个性化，版面也更加活泼俏皮。

5）注重元素统一，可通过对色彩、形状、标志、字体的重复使用来制造连续性，加深目标受众印象。

（四）新媒体海报及 H5 的创作技巧

1. 新媒体海报创作技巧

一般来说，旅行社产品的新媒体海报包含的共性内容有产品名称、目的地、公司 Logo、产品价格、产品特色、产品亮点、二维码（内有详细行程和联系方式）等。

在制作旅游产品海报的时候，首先应明确一张海报要传递给用户的核心信息，如去哪儿、几天、何时出发、价格多少、亮点在哪里、出行方式（去旅游目的地的交通选择）、产品类型（跟团游、自由行、定制游）、怎么联系等，要优先考虑这些信息如何展示。至于多少人减免多少钱、住什么酒店、吃什么餐，除非优惠力度很大，或者很有特色，一般都做同质化处理，可以不在海报上出现或重点强调。其次就是选择什么样的字体、如何处理主视觉图片和主标题的关系、怎样选择颜色来搭配的问题了。

在实际操作中，可以先用简单的方法画出海报中各要素的大概位置，用等大的文字来显示一张海报的元素，这样便可以大致看出在信息呈现上有没有突出重点；然后看海报的配色乱不乱，一般非同色系最好不要超过三种颜色；最后再看装饰元素有没有搭配主题、是不是符合语境。

总的来说，新媒体海报的制作要抓住两大诀窍：一是视觉冲击力，通过排版构图设计和内容安排，突出视觉焦点，吸引受众眼球。二是客户吸引力，运用利他原则，投客户所好，让其愉悦、受益。

2. H5 创作技巧

（1）设计视觉焦点，明确阅读秩序。手机屏幕尺寸局限要求 H5 广告页面内容不能复杂拥挤，元素和信息要精简，字体要易识别，字号要大。H5 页面数可控制在 10 页之内。如果超出，需要将展示内容进行层级划分，创造出秩序感，便于客户看明白广告主题。如可以采用内容分屏的形式，用数字等元素来梳理并统一，或把拥挤的页面内容设计成长图文，或通过动效让内容逐项呈现等。

（2）文案符合主题，注重创意创新。有个吸睛的分享标题会大大增加 H5 的点击率与转发量。标题的命名可以采用以下几种方法：

1）违背常识法。如故宫的《朕收到一条来自你妈妈的微信》，把不同时空的概念放在一起，这种明显违背常识的标题会激发受众的好奇心。

2）满足好奇法。可以用疑问句引发好奇心，列数字吸引眼球。如《河南卫视的绝美飞天看不够？深入敦煌找寻壁画上的飞天之美！》，借助河南卫视端午晚会水下飞天舞《祈》的热点，刺激客户以旅行的方式去深入探索。

3）与“我”有关法。与“我”的收益、生活、标签相关的标题，更容易引发客户的共鸣，与客户进行情绪互动。如福州文旅公众号发布的《你好，新同学！》打卡指南，就很容易赢得新生的注意和好感。

4）启动情感法。通过情绪、情感的刺激，动之以情，以达到引发共鸣的目的。可以通过正向情感式或反向情感式两种不同的路径，挖掘爱情、亲情、友情和需求。如猫途鹰出品的微电影《世界与你想象中不同》通过浓浓的父女之情，配合美丽的风景，触动观者的内心。泰国走心旅游宣传片《我讨厌泰国》《为安娜祈祷》，则先用厌恶、恐惧等反向情感的展示吸引观者的注意，再通过故事的反转——正文循序渐进，提出为何会出现如此严重的情况、如何解决等，达到吸引观者来泰国旅游的目的。采用反向情感式要注意：标题不能太过，把握好一定的度；正文内容要符合事实，实事求是；不能夸大危害和影响，要尊重事实。

（3）页面信息可视化，版面符合视觉心理。在设计 H5 页面版式时，适当地使用图形能增强内容的易读性和设计感。可尝试将文字表达图形化，这样能让信息变得更加简明、清晰。同时，要注意控制页面的空间留白。此外，H5 所有页面的排版还应当注意节奏感，以避免页面单调，让受众在观看过程中不会感到冗长烦躁。

（4）借力热门话题，带来情感共鸣。相对于商家造势所形成的关注度，在热点节日发布的或带热点题材的 H5 更容易引起受众关注，因为热点题材本身自带流量基础，重点是要选择跟产品特性、气质、目标人群相符合的热点。在制作 H5 时要善于抓住并结合当下的热点事件，利用话题效应让 H5 在短时间内受到关注。故事是吸引人的艺术形式之一，可以通过沉浸式的体验来勾起受众的回忆，戳中受众的情怀与痛点，合理化其行为，以引起情感共鸣。插入的音乐要和主题协调一致。例如在母亲节、父亲节、儿童节、七夕节等推出情感类 H5，有了节日氛围的烘托，推广会变得更有意义，也更有效率。

任务实施

抓住受众的眼球

案例：

“故宫淘宝”是故宫博物院为销售周边产品而打造的文创 IP。2016 年腾讯巧妙运用互联网思维，借势故宫强大的流量 IP，推出“贱萌的复古”风格，并整合“穿越”及“说唱”等新兴内容，发布《穿越故宫来看你》H5。该作品一经发布便迅速霸屏，H5 与短视频的结合做到了天衣无缝，说唱与画面更是相得益彰，新的前端技术的运用恰到好处，这样的惊喜牢牢抓住了受众的眼球，实现了强吸引、强互动，仅上线一天访问量就突破 300 万，达到了现象级的品牌推广效果。

想一想：注意力决定购买力。在移动互联网时代，人们的时间越来越碎片化，每天接收到的信息越来越多，这导致了人们的注意力越来越分散。所以有人说：这个时代，注意力已经成为最稀缺的资源和财富，谁能吸引客户的注意力，谁就能赢得先机。对此，你怎么看呢？在市场营销中，你认为什么样的新媒体海报设计和 H5 旅游广告能够吸引客户注意力？

班级________ 姓名________ 学号________ 成绩________

任务实训

实训主题	设计旅游产品宣传海报和 H5 旅游广告
实训目的	通过实训，学生掌握新媒体海报和 H5 的基本制作方法，更好地理解怎样的产品宣传页面才能吸引用户
实训内容	分小组制作某款旅行线路产品的新媒体海报，海报上需嵌入二维码，扫描二维码后可看到 H5 旅游广告
实操实训	制作要求： 1. 海报和 H5 页面需主题一致，海报中需添加 H5 页面二维码 2. 制作精良，融入团队创意，严禁直接上交模板 3. H5 页面不少于 5 页，含封面、封底，在封底（尾页）标注团队名称、成员姓名及分工

班级 ____________ 姓名 ____________ 学号 ____________ 成绩 ____________

考核评价

班级______ 姓名______ 学号______ 成绩______

知识点和学习评价一览表

序号	知识评价点	自我评价结果			备注
		掌握	基本掌握	未掌握	
1	产品表达力的概念				
2	提高产品表达力的意义				
3	无形的服务，有形的“门面”				
4	怎样的产品宣传页面才能吸引用户				
5	用户好评就是最好的宣传文案				
6	新媒体海报及 H5 创作				
7	你认为本任务最有价值的内容是什么？对你有什么启发？				

任务拓展

数字资源：旅游宣传海报及 H5 案例分享

项目六 精选策略

项目导读

营销策略在精，不在多。没有最好的策略，只有最适合自己的策略。在作为经典营销组合的“4P”中，产品、价格、渠道、促销构成了有效营销的四要素。尽管营销组合理论在不停地更新迭代，但这四要素依然是营销计划编制中绕不开的内容。项目五已经带领大家认识了产品，项目六将带领大家认识除产品以外的其他三要素：价格、渠道和促销。通过本项目的学习，你将了解价格的定义、定价的影响因素，理解和掌握主要的定价战略和常用的定价策略；认识什么是营销渠道，以及营销渠道的长度、宽度和类型，理解选择营销渠道的基本原则及影响渠道模式选择的因素，掌握选择营销渠道和旅游中间商的策略及如何用系统思维开展线上线下整合营销；认识什么是促销、什么是促销组合，以及旅游企业和旅游目的地营销组织用以开展促销活动的常用手段等。

学习目标

1. 了解价格的定义、定价的影响因素，理解和掌握三种主要的定价战略和常用的定价策略。

2. 了解营销渠道及其相关概念，理解选择营销渠道的基本原则和影响因素，掌握和应用选择营销渠道及线上线下整合营销的策略。

3. 了解促销及促销组合的概念，掌握常用的促销活动手段。

思维导图

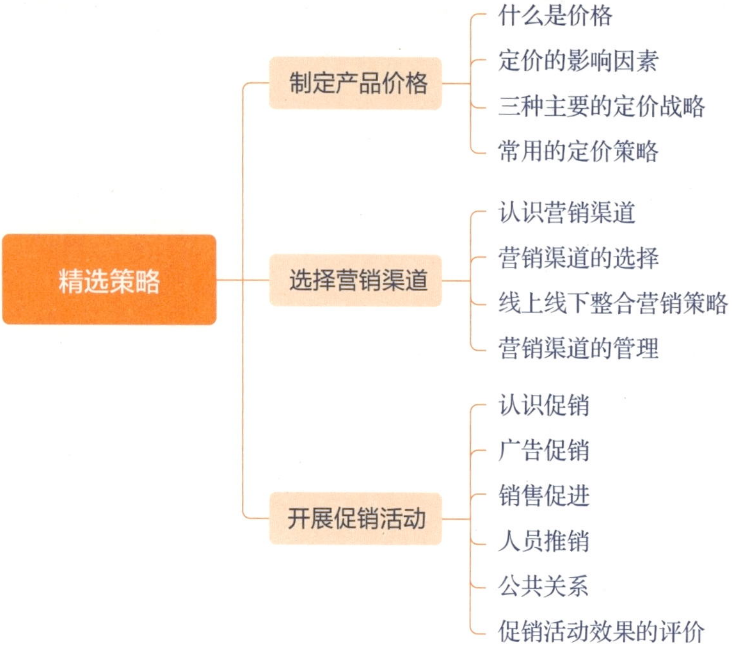

任务一 制定产品价格

任务准备

一、什么是价格

从狭义上说，价格是为产品或服务收取的货币总额。从广义上说，价格是用户为获得、拥有或使用某种产品或服务的利益而支付的价值。长期以来，价格一直是影响购买决策的重要因素。明智的管理者会将定价视为创造和获得用户价值的重要工具。

二、定价的影响因素

定价的影响因素主要包括以下几个方面（见图 6 - 1）：

（1）产品成本：它决定了“价格地板”，低于这个价格将没有利润。

（2）用户的价值感知：它决定了“价格天花板”，高于这个价格将没有需求。

（3）其他内外部因素：企业在这两种极端的价格水平之间制定价格，必须考虑其他的一些内外部因素，包括竞争者的战略和价格、公司整体的市场营销战略和营销组合、市场环境和需求的特点。

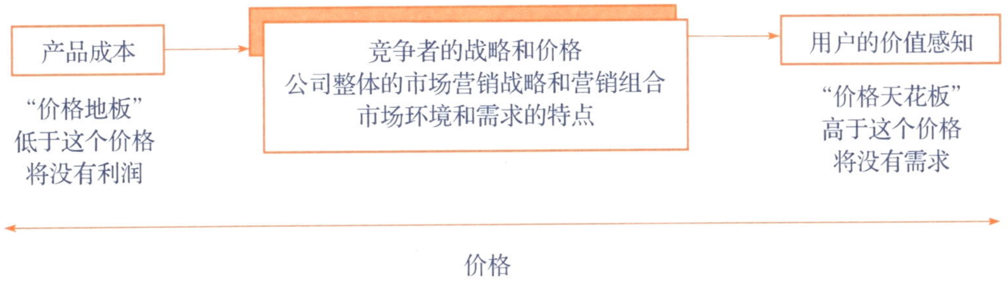

图 6-1　定价的影响因素

三、三种主要的定价战略

实际上，图 6-1 还暗示了三种主要的定价战略：基于用户价值的定价、基于成本的定价和基于竞争的定价。

（一）基于用户价值的定价

产品价格是否合适，最终由用户决定，定价决策必须以用户价值为基础。当用户购买产品时，他们交换有价值的东西（价格）以获得另一种有价值的东西（拥有或使用产品的利益）。有效的用户导向定价要求理解用户感知价值，并设定这一价值的价格。

基于用户价值的定价和基于成本的定价，它们的定价过程是不一样的，见图 6-2。

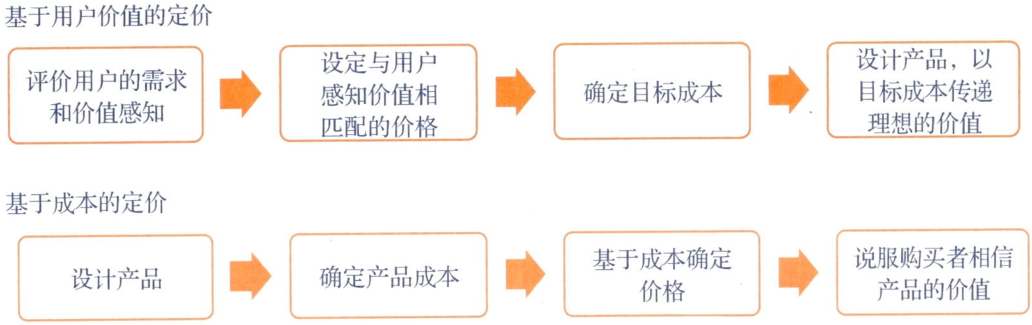

图 6-2　基于用户价值定价和基于成本定价的过程

在实际操作中，基于用户价值的定价具体有高价值定价法和价值增值定价法两种不同的方法。

1. 高价值定价法

高价值定价法即以公平的价格提供优质产品和服务的恰当组合。如知名品牌的便宜版本、高端溢价品牌的入门级版本。一些公司甚至通过以非常低的价格提供较低的价值获得成功。例如，美国斯普瑞特航空公司通过低质更低价的策略一度成为美国增长最快的航空公司。它为用户提供一个极低的票价，可能只是正常航空公司票价的

学习微平台

案例分享 6-1
HHtravel 鸿鹄逸游环游世界 80 天 138 万元，限量发行十席

1/3，但是票价不包含任何常规的机上服务，甚至在飞机上喝一瓶水还要额外花费 3 美元，使用 Wi-Fi 和娱乐设施都要加钱——用户得到的服务虽然少，但也不必为不想要的服务付钱。这种策略特别适合用于在某一个稍微领先的领域里开发低端人群，也就是现在常说的“下沉市场”。国内比较有代表性的是拼多多，最开始它就是采用低质更低价的策略，避开了京东和天猫的竞争。一方面通过供应链和品牌赋能提升质量，另一方面降低价格，这往往会是特别成功的价值主张。

2. 价值增值定价法

基于价值的定价方法并不意味着用户希望支付多少，企业就制定什么价格，或者一味地以低价适应竞争。相反，许多企业采用价值增值定价，即通过增添能够提高价值的属性和服务，使产品或服务差异化，进而维持高于平均水平的价格。如近年来兴起的高端定制私家团、精品小包团旅游等。价值增值定价一般瞄准的是高端人群，典型案例如携程顶级游品牌 HHtravel 鸿鹄逸游的一款高端产品——138 万元的“环游世界 80 天”连续多年热卖。

（二）基于成本的定价

不同于基于价值的定价，基于成本的定价是从企业自身的生产经营成本出发，通过在生产、分销和销售产品的成本基础上加上一定的目标回报率来制定价格。成本是企业定价战略中的重要因素。它有两种形式：固定成本和变动成本。固定成本是指不随变量或销售量的变化而变化的成本。变动成本是指随着生产水平直接变化的成本。两者的总和即为总成本。一般基于成本的定价至少要弥补既定生产水平下的总生产成本。其定价方法主要包括：成本加成定价法、目标利润定价法和边际成本定价法。

1. 成本加成定价法

这是最简单的定价方法，即在产品成本上加一个标准的加成。如假设某伴手礼加工企业的固定成本是 30 万元，单位变动成本是 10 元，预计单位销量是 5 万个，则该企业的单位成本为：单位成本 = 单位变动成本 + 固定成本 / 预计单位销售量 = 10 + 300 000/50 000 = 16（元）。假设该企业希望获得 20% 的利润加成，则该伴手礼成本加成价格为：成本加成价格 = 单位成本 /（1– 加成率）=16/(1 – 0.2) = 20（元）。

2. 目标利润定价法

目标利润定价法也可称为盈亏平衡定价法，即根据盈亏平衡点的总成本及预期利润和预期销售量来制定产品价格。当总收益等于总成本时，保本价格 = 固定成本 / 销售量 + 单位变动成本。当总收益大于总成本时，价格 =（固定成本 + 目标利润）/ 销售量 + 单位变动成本。如前面所提到的某伴手礼加工企业，假设预计销售量为 5 万个，如只想保本，保本点价格 = 300 000/50 000 + 10 = 16（元）；若还想赚取 20 万元目标利润，则价格 =(300 000 + 200 000)/50 000 +10 = 20（元）。利用上述公式，也可计算保本销售量，如果以 20 元的价格出售上述商品，则保本销售量为：销售量 = 固定成本 /（价格 – 单位变动成本）= 300 000/(20–10) = 30 000（个）。如图 6 – 3 所示。

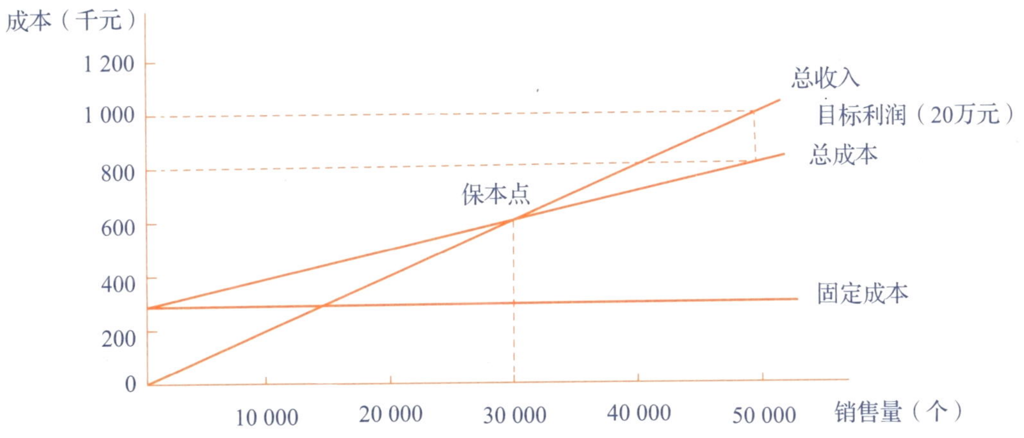

图 6－3　确定目标价格的盈亏平衡图

3. 边际成本定价法

采用边际成本定价法，企业在定价时只考虑变动成本，不计算固定成本。在经济学中，企业短期的固定成本称为沉没成本，企业决策时可以不予考虑，如淡季时酒店的闲置房间成本。闲置房非但不能为酒店带来收益，还会产生额外的运营成本。假设酒店每间房的分摊固定成本为 150 元，可变成本为 40 元，单间房总成本为 190 元。这时候，如果有团队入住，但房价预算只有 180 元，那这单生意酒店做还是不做呢？答案是，如果市场竞争激烈，企业的短期目标是生存，生产能力过剩，或者固定成本已经收回，可以利用边际成本定价法，抓住这一机会。因为 180 元，除了可以弥补 40 元的变动成本外，还可以弥补 140 元的固定成本。这也是一些旅行社包机产品在临近团期时，如还有少量剩余名额，往往会降价销售，且降价幅度相当可观的原因。因为包机游不管游客有没有收满，旅行社都要为所有机位"买单"，不卖出去就是沉没成本。因此，在旅游团队临近出发时，旅行社就会将包机空位降价出售。

（三）基于竞争的定价

基于竞争的定价是指根据竞争者的战略、成本、价格，以及产品和服务制定价格。消费者往往会根据竞争性产品的价格来判断一种产品的价值。

在评价竞争者的定价策略时，旅游企业应该思考以下几个问题：

首先，企业与竞争者相比，谁的产品或服务能够提供更多的用户价值？如果消费者对企业的产品或服务有更高的感知价值，企业就可以收取更高的价格。如果消费者感到竞争者的产品或服务价值更高，企业就只能收取较低的价格，或者改变消费者的感知价值，使其相信高价的合理性。

其次，企业目前面临的竞争者有多强？它们的定价战略是什么？如果市场中的竞争者定价高于创造的价值且规模较小的话，企业可以以低价将较弱的竞争者逐出市场。如果市场中有规模较大的低价竞争者，企业则可以瞄准尚未满足的市场缝隙，以较高的价格提供价值增值的产品。

重要的是，企业的目标并不是价格一定要与竞争者相当或更低，而是根据竞争者所创造的相对价值来设定价格。如果企业能够为用户创造更高的价值，收取更高的价格是理所当然的事情。也就是说，基于竞争的定价的关键在于，无论你制定什么价格——高、低或适中——务必在这个价格水平上为用户提供比竞争对手的产品或服务更多的价值。

四、常用的定价策略

（一）新产品定价策略

1. 撇脂定价

撇脂定价，是指企业在将新产品推向市场时，先制定很高的初始价格，后面再随着产品的进一步成长往下调整价格。如苹果手机每次都以高价推出新一代 iPhone、iPad 或 Mac，待更新的型号面市时，再将价格往下调整。撇脂定价不仅能在短期内取得较大利润，而且可以在竞争加剧时采取降价手段，限制竞争者的加入，同时符合用户对价格由高到低的客观心理反应。撇脂定价的实施需要满足三个特定条件：（1）产品的质量和形象必须能支持其高昂的定价，并且有足够的购买者愿意在高价位购买。（2）小批量生产的成本不会太高，不至于抵消高价带来的收益。（3）竞争对手不能轻易地进入市场和降低价格。

2. 渗透定价

渗透定价，是指企业制定一个较低的初始价格，旨在迅速和深入地渗透市场——短时间内吸引大量购买者，赢得较高的市场份额。高销售量可以降低成本，允许企业进一步降低价格。渗透定价策略要生效，必须符合以下条件：（1）市场必须对价格高度敏感，低价格会带来更大的销售量和市场份额。（2）产品的生产和分销成本必须随着销售量的增加而降低。（3）低价必须有助于排斥竞争者，而且采取渗透定价的企业必须保持其低价定位，否则价格优势就只是暂时的。如经济型酒店采取渗透定价可以快速进入市场，提高市场份额，可当其突然涨价，价格甚至直逼五星级酒店的水平时，就失去了本来的定位和优势，能否健康可持续发展就是有待观察的问题。

3. 满意定价

满意定价，是一种折中定价策略，采取的是比撇脂定价低、比渗透定价高的适中定价。其方法是先进行期望价格调查和预测，根据用户对新产品所期望的支付价格来确定价格。这种定价策略既能保证旅游企业获取一定的初期利润，又考虑了用户的购买能力和购买心理，能够增强用户的购买信心。现在市面上很多小包团产品采取的就是满意定价策略，制定的价格使旅游者比较满意。

（二）产品组合定价策略

1. 产品线定价

产品线，是指同类产品的系列。一条产品线就是一个产品类别，是由使用功能相同、能满足同类需求而规格、型号、花色等不同的若干个产品项目组成的。如万豪酒店旗下的产品线就有奢华、高级、精选和长住四个类别，每个类别又有不同的产品品牌，定位不同，价格不一。在产品线定价策略中，管理者必须确定同一条产品线中不同产品的价格差距，制定的价格要反映用户对不同产品属性的感知价值。同时，企业必须建立可感知的质量差异来支持价格的差别。

2. 备选产品定价

旅游企业在销售与主要产品配套的备选产品或附加产品时，可运用备选产品定价策略。企业必须确定哪些项目应该包括在基本价格之内、哪些应作为备选产品，如一些旅行社为了降低旅游产品总价，会将景区交通换乘和缆车索道费用以及夜间演出门票作为备选产品。

3. 附属产品定价

出售必须与主要产品一起使用的产品时，企业可采用附属产品定价策略。例如亚马逊以低价或无利的价格推出 Kindle 电子书和平板电脑，希望通过出售在该设备上观看的电子书、音乐、电影和其他内容来弥补这一亏损，并获得更多的利润。Keurig 公司的收益只有很少的份额来自其单杯蒸馏式咖啡机，该品牌的大部分收益（近 77%）来自其 K-cup 小份包装咖啡的销售。在服务行业，这种附属产品定价法称为二分定价，服务价格被分为固定费用和可变动使用费两部分。如迪士尼乐园的门票价格中并不包括食物的费用，游玩者可以自带食物，但自带食物也有规定什么能带、什么不能带，VIP 免排队则需要额外购买服务。采用附属产品定价，要注意在主要产品和附属产品的定价之间寻求恰当的平衡。附属产品定价可能会使打算初次尝试的消费者望而却步，或者购买之后在使用时心里感到不舒服。

4. 副产品定价

产品的生产过程中常常会产生副产品。如果这些副产品没有价值，且处理成本很高，就会影响到主要产品的定价。此时，企业运用副产品定价，为这些副产品找到一个市场，弥补存储、运输、处理成本，可以使主要产品的价格更有竞争力。如以前一直被人们当垃圾扔掉的葡萄酒废料，其实经过加工处理后，可以重复利用变成有价值的副产品，如葡萄籽油、保湿护肤品、家居装饰品（用酒瓶、瓶塞和橡木桶进行创意改造）等。

5. 一揽子定价

一揽子定价，是指将几种产品组合在一起，以低于各项单品价格之和的价格出售。如餐厅的两人套餐、四人套餐，肯德基的“全家桶”，酒店给客人提供的住宿加游玩套餐。酒店套餐一般除房费外还含有景区（主题乐园）门票以及其他特色服务费用，如珠海长隆企鹅酒店 4 388 元的套餐中含有“极地大床房 + 自助午餐 2 份 / 天 + 海洋王国 2 天无限畅玩 1 份 + 铂爵跟拍双影像（5 张电子快修和 1 条 15 秒视频）1 份”。这种一揽子定价组合的产品价格必须足够低，有较高的性价比才能吸引用户购买。

（三）价格调整策略

产品价格确定后不是一成不变的，企业需经常调整其基础价格，以适应各种用户差异和不断变化的形势。常用的价格调整策略有以下六种。

1. 折扣定价

折扣定价主要是为回报用户大量购买、较早付清货款或促销产品等而降低价格。

具体包括以下几种方法：

（1）现金折扣。对现金交易、按期或提前付款的购买者给予一定比例的价格折扣。

（2）数量折扣。根据所购买的数量，给予购买者一定的价格折扣，购买的数量越多，折扣越大。给予折扣的数量可以累计，也可以是一次性要求达到一定数量或消费一定金额。需要注意的是，数量折扣必须提供给所有旅游产品购买者，但不能超过旅游企业大批量销售所节省的成本。

（3）季节折扣。季节折扣是旅游企业在淡季时给予购买者的折扣优惠，以低于旺季时的旅游产品价格刺激旅游者的消费欲望。但这种折扣价格的最低优惠度不应低于旅游产品的成本。

（4）同业折扣和佣金。同业折扣也称作功能性折扣，是指旅游产品的生产商根据各类中间商在市场营销中所担负的不同职责，给予它们不同的价格折扣。很多酒店除给予旅行社优惠房价外，还会给予一定的折扣佣金。一般旅游企业给旅游批发商的折扣较大，给旅游零售商的折扣较小。

2. 细分市场定价

旅游企业常常会根据不同的用户、产品和销售地点，调整其基础价格。在细分市场定价策略中，企业以两种或更多价格出售某种产品或服务，价格差异并不以成本为基础。如景区为儿童、老人和军人及本地市民提供优惠价，剧院对不同的座位制定不同的价格等。

3. 心理定价

在大多数情况下，用户并不具备足够的技能或信息来判断自己所支付的价格是否合理，他们会依赖某种暗示价格高低的线索，而这种价格线索往往是由销售商以促销标志、价格匹配政策、招徕定价和其他有用的暗示形式提供的。如价格标签上的特价标志、VIP 折扣、会员价、特价套餐、某某价起（“起”字往往很小）等。常见的心理定价策略有以下几种：

（1）非整数定价。中低档旅游产品常采用此定价策略，它是一种为刺激和迎合购买者的求廉心理而保留适当的价格尾数的定价方法。如 99 元比 100 元虽然只相差 1 元，但感觉上要便宜很多。3 482 元的旅游线路价格不仅让购买者感到比 3 500 元便宜，还让购买者下意识地认为这是经过仔细计算后确定的价格，因而感到准确、可靠。

（2）整数定价。高档旅游产品常采用此定价策略，它是为满足购买者显示自己的地位、声望、富有等心理需要而采用整数价格的定价策略。如 1 000 元的首饰比 982 元的首饰虽然只贵了 18 元，但对于有能力购买首饰的购买者而言，多付出 18 元是不在乎的，但价格千元却使这件首饰的声望价格增加了许多，给购买者带来更大的心理满足。

（3）声望定价。声望定价就是旅游企业有意识地把某种旅游产品的价格定得高些，以此来提高旅游产品和旅游企业的档次与声望。如一些高星级宾馆常有一套或几套价格很贵的客房，如总统套房；庐山上一些名人住过的别墅，虽然客房设施很一般，但房费很高。这种定价策略一方面是基于购买者“好货不便宜，便宜无好货”的心理，另一方面是为了满足部分购买者把购买高价旅游产品作为提高自己声望的一种手段的心理需求，如公司付钱奖励的旅游、高级商务旅游与行政管理人员的旅游。

4. 促销定价

促销定价是指旅游企业和旅游目的地利用部分旅游产品的特殊价格吸引购买者，从而在整体上提高旅游企业和旅游目的地的总销售收入和盈利的策略。如 2023 年 1 月 1 日—2023 年 3 月 31 日，杭州国有 A 级景区和部分非国有 A 级景区实行首道门票免费游，实行该政策后，2023 年 1—2 月，西湖景区全域接待总客流量 797.24 万人次，同比增长 338.07%；收费景点客流量比 2019 年增长 127.98%[①]。超市每日打折产品、餐厅每日特价菜、网上限时秒杀等限时促销活动，及利用特殊时间定价，如网络购物节“双 11”“618”，都是采用了促销定价策略。

学习微平台

延伸阅读 6-1
旅游产品价格的“凡勃伦效应”

5. 动态定价

动态定价在网上特别普遍，从航空公司和酒店到运输队等提供的各种服务都可以根据用户需求或成本的变动灵活改变价格，每天甚至每小时更新特定产品项目的定价。应用得当，动态定价可以帮助企业实现销售最大化和更好地服务用户。但如果使用不当，则可能引发侵蚀利润的价格战，损害用户关系和信任。

互联网对定价的影响是双向的。大数据分析可以帮助企业获得用户的特点和行为特征，并以此为基础制定产品价格。用户也可以通过手机应用程序随时比较众多卖家的产品和价格，从而更好地议价。

实体店如今正采取各种方法对抗“逛展厅”现象（将实体店仅当作样品展示厅）和跨渠道购物行为，甚至成功地将此转化为一种优势。特别是非快消品的旅游产品，实体店可以凭借其训练有素能够随时提供帮助的店员、便利的选址、网上下单店内消费、便捷取货或退货等诸多非价格优势，将只逛不买的惠顾者和网上流量转化为店内购买者。同时，实体店也要加强网上和移动营销的力度。

6. 国际定价

从事国际市场营销的旅游企业必须在不同国家制定价格。有时，企业能够在世界范围内采用统一的价格，但多数企业会根据当地市场条件和成本因素调整价格。

出国旅游时，游客常常会发现在母国比较便宜的商品在其他国家居然标着惊人的高价。除了关税、税收成本和销售成本等费用的原因外，还和定价策略有关。许多发达国家企业在发展中国家进行市场营销时，偏爱将产品贴上新标签，以溢价出售给少数买得起的金字塔尖的用户群。

随着新兴市场国家的增长速度放缓，许多企业正将它们的视线转向新的目标市场——由世界上经济发展水平低的国家和地区构成的广大市场，针对这些市场开发更小的、简单的和实惠的产品型号，并以非常低的价格销售，这会给这些市场上的消费者带来更多有价值的产品。

旅游是国际化的市场竞争，旅游产品定价怎样获得国际竞争优势——有竞争力的价格、带给旅游者更多有价值的产品，是值得深思的问题。

---

① 章然，余雯雯，孙燕 . 41 个景点免票两月给杭州带来什么？一餐厅：两月赚了半年的钱［EB/OL］.（2023-03-27）［2023-10-08］. https://baijiahao.baidu.com/s？id=1759663111877566472 & wfr=spider & for=pc.

任务实施

价格应该反映的是什么?

案例：一晚上一两千！杭州桐庐连锁经济型酒店价格超越北上广?

2023年的暑期，“月薪两万住不起如家汉庭”冲上微博热搜，有些连锁品牌酒店在一些热门地点的价格直逼千元，关于连锁品牌酒店涨价的讨论再度开启。作为旅游热门城市的杭州，连锁品牌酒店的价格也在走高。记者对杭州的如家、汉庭、亚朵的价格进行了检索。根据可订房源的情况来看，桐庐包揽了价格排名前五名。价格最高的如家精选酒店（杭州桐庐店）、汉庭酒店（杭州桐庐富春江店）和位于富春江畔的桐庐富春江亚朵酒店，房价均超过市区的如家、汉庭、亚朵酒店价格。相比同时间段的北上广汉庭的可订房间，价格最高的桐庐汉庭已经超过了北上广排名最高的汉庭。相比950元起的桐庐汉庭，同时段杭州的汉庭酒店价格在300～500元。桐庐富春江亚朵酒店在售房价2 365元起，价格最高的为2 417元带有两份早餐的豪华江景套房。其他1 000元出头的高级大床房、1 800元左右的几木江景套房及2 100元左右的几木亲子江景套房均已售完。而杭州主城区的亚朵酒店，价格大多在500～700元。记者注意到，房源情况一天中也在不断变化，除了套房外，下午四点显示该店的几木江景大床房可订，价格在1 400元左右。记者拨打了桐庐富春江亚朵酒店的电话，对于房价，工作人员表示暑假游客多，价格也相应进行了调整。下周一价格有回落，以豪华江景套房为例回落约600元，价格最低的房型700余元。

专家认为，连锁品牌酒店涨价的背后，是供求关系变化的直接体现。不同地域不同位置的酒店，会根据各自的情况和用户消费水平，进行价格调整。桐庐近期连锁酒店价格较高，跟富春江边上的景点成为热点旅游目的地有关。一个成熟行业的产品价格，往往会以利润为基准上下波动，进行自发调节。连锁酒店已经有很成熟的价格预订系统，会根据入住率等及时进行调整。高价位并不会持续很长时间，酒店会随着需求变化调节，这样才能持续吸引住客。连锁酒店的产品升级也在随着市场变化进行，出现了不同层级的子品牌。一些连锁酒店提供的服务已经可以跟传统的星级饭店“正面硬刚”，展现出了连锁模式的威力。以亚朵为代表的新型连锁酒店，酒店服务以用户为中心，产品设计也是以满足用户需求为中心，比如房间的安全、安静、床品卫生质量等，“一些服务甚至可以超过五星级酒店，因此能够受到游客热捧，也在引领酒店业以用户为中心的产品创新，中国的酒店业从长远来看应实现价格回归价值”。

资料来源：杨一凡．一晚上一两千！杭州桐庐连锁经济型酒店价格超越北上广？专家：供求关系变化所致［EB/OL］.（2023-08-08）［2023-10-08］.https://baijiahao.baidu.com/s? id=1773658046175973593 & wfr=spider & for=pc.

想一想：

1. 对于 2023 年暑期连锁酒店的价格高涨，你怎么看？试分析其价格变化的影响因素和酒店的定价策略，并说说你对于“从长远来看价格应回归价值”的看法。

2. 价格的制定通常是为了满足需求，或者反映用户愿意为一种产品或服务支付的溢价。但是，一些批评者却对一瓶水卖 15 元人民币、连锁酒店价格涨如此之高深感厌恶。对此，你怎么看？你认为价格应该反映消费者愿意支付的价值，还是反映生产产品或服务所消耗的成本？

班级 ____________ 姓名 ____________ 学号 ____________ 成绩 ____________

任务实训

实训主题	为旅游产品选择恰当的定价战略和定价策略
实训目的	通过实训，学生能够更好地理解和掌握定价战略和定价策略
实训内容	小组合作，在老师指导下，应用所学的知识，为某企业的新旅游产品选择定价战略，并提出具体的定价策略
实操实训	1. 拟选旅游企业新产品情况： 企业名称： 企业新产品简介：
	2. 拟采取的定价战略：
	3. 拟采用的定价策略：

班级 姓名 学号 成绩

考核评价

知识点和学习评价一览表

序号	知识评价点	自我评价结果			备注
		掌握	基本掌握	未掌握	
1	什么是价格				
2	定价的影响因素				
3	三种主要的定价战略				
4	新产品定价策略				
5	产品组合定价策略				
6	价格调整策略				
7	你认为本任务最有价值的内容是什么？对你有什么启发？				

任务拓展

数字资源：定价背后的奥秘

班级＿＿＿＿ 姓名＿＿＿＿ 学号＿＿＿＿ 成绩＿＿＿＿

任务二 选择营销渠道

任务准备

一、认识营销渠道

（一）什么是营销渠道

旅游产品从生产者或供应商转移至最终消费者（旅游者）的实现途径，即营销渠道，也称销售渠道。

营销渠道既包括生产者或供应商在自己的生产现场进行产品或服务的销售，如旅游者自行登门消费的餐厅、旅店、民宿、娱乐场所、景区、汽车租赁行或旅行代理商，也包括通过在生产现场之外的其他地方建立或以委托方式设置销售网点向购买者出售产品或服务——如第三方平台或线下实体门店，后者称为“分销”。

总而言之，销售渠道就是旅游企业或旅游目的地与终端旅游消费者接触的桥梁，是旅游消费者获得旅游产品和服务的通道①。不单单是企业层面，重视线下和线上销售渠道的搭建同样是一些区域带动经济发展的重要手段。如游云南 App 是云南旅游官方助手，为游客提供吃、住、行、游、购、娱一站式搞定的智慧旅行服务，打造诚信消费的环境与快捷投诉的管理体系，一部手机游云南，实现“游客体验自由自在，政府服务无处不在”。

（二）营销渠道的长度和宽度

营销渠道的长度，指的是产品从生产者或供应商向最终消费者转移过程中所经中间环节的多少。所经中间环节或中间层次越多，意味着销售渠道越长。最短的销售渠道便是直销，即不经任何第三方直接将产品出售给最终消费者。

营销渠道的宽度，通常指的是一个旅游企业所使用的产品销售渠道的数目，以及所设置的产品销售网点的数目及分布格局。在一个旅游企业的营销渠道系统中，如果经销或代理销售其产品的中间商很多，且企业自己以及所委托的中间商在各自目标客源地域内根据方便用户购买的原则设置了足够多的销售点，那么该企业用于销售其产品的销售渠道宽度就很大，反之，该企业的产品销售渠道就较窄。

营销渠道的长度和宽度以多少为宜，不能一概而论，需要依据具体的企业、业务类型、产品以及目标市场等情况进行综合分析和判断。

---

① 沈雪瑞，李天元，曲颖 . 旅游市场营销［M］. 3 版 . 北京：中国人民大学出版社，2022：244.

（三）营销渠道的类型

根据营销渠道是否涉及中间商来区分，可将营销渠道分为两大类：不涉及中间商的直接销售渠道（直接营销渠道，或称零层次营销渠道）和涉及中间商的间接销售渠道。间接销售渠道根据中间商的层次数目，又可以分为单层次渠道（需经由一个层次的中间商）、双层次渠道（需经由两个层次的中间商）、多层次渠道（需经由三个或更多层次的中间商）。

直接销售渠道有三种模式，具体见表 6－1。

表 6－1　旅游产品直接销售渠道的三种模式

直接销售渠道模式	说明
旅游供应商—旅游消费者（在旅游产品生产现场）	旅游消费者前来生产现场购买。旅游供应商同时扮演零售商角色
旅游供应商—旅游消费者（在客源地及消费者家中）	旅游消费者在远离生产现场的客源地通过电话、信函、传真、互联网、预订系统等方式直接向旅游供应商预订
旅游供应商—自设销售网点—旅游消费者（在客源地销售点现场）	旅游供应商在客源地设有自己运营的零售网点

与间接销售渠道相比，直接销售渠道最明显的优点在于：（1）可以节省支付给代理商的佣金，有助于降低流通成本。（2）有利于企业及时了解和掌握用户对产品的态度和其他方面的需求信息，改进企业的经营工作。

间接销售渠道也有三种模式，见表 6－2。

表 6－2　旅游产品间接销售渠道的三种模式

间接销售渠道模式	说明
旅游供应商—旅游零售商—旅游消费者（在零售商经营现场）	单层次渠道。旅游供应商向旅游零售商支付代理佣金
旅游供应商—旅游批发商—旅游零售商—旅游消费者（在零售商经营现场）	双层次渠道。旅游供应商只与旅游批发商有直接的业务合作关系
旅游供应商—本地旅游批发商—客源地旅游批发商—客源地旅游零售商—旅游消费者（在零售商经营现场）	多层次渠道。多见于入境旅游业务。旅游供应商只与本地旅游批发商有直接的业务合作关系

尽管直接销售渠道有很多优点，并被普遍认为是旅游业未来的发展方向（去中间化），但对于在旅游业中占大多数的中小微旅游企业来说，由于资金实力有限，它们无力构建自己的网络预订系统和在客源地自设销售网点，为了应对竞争，只能与中间商合作，借助后者的力量去拓宽企业的销售渠道。这里的中间商指的是那些从事旅游供应商产品的转售业务、具有法人资格的经济组织或个人，主要是各种类型的旅行社（包括在线旅行社）和旅游经纪人（包括代理商、经销商、批发商、零售商等）。

二、营销渠道的选择

（一）选择营销渠道的基本原则

营销渠道的选择遵循用户导向和成本效益导向兼顾的原则。用户导向集中表现为方便消费者购买，成本效益导向则意味着重视经济效益——销售渠道要能带来足够的销售收入，扣除其维持费用之后要能够带来令人满意的利润。

（二）影响渠道模式选择的因素

1. 产品因素

影响渠道模式选择的产品因素主要涉及两个方面：一是产品的性质或类型；二是产品的档次或等级。

一般来说，像景点、娱乐企业、餐厅、旅游汽车公司、出租车公司以及汽车租赁公司等类型的旅游企业主要采用直接销售渠道；旅游批发商、邮轮公司、航空包机公司以及经营国际客运业务的航空公司等类型的旅游企业多采用间接销售渠道。

经营高端旅游产品的旅游企业，往往采用直接预订这一直销模式，或尽可能选择长度短的间接销售渠道。

2. 市场因素

影响渠道模式选择的市场因素很多，主要包括：目标客源市场的规模、客源地与旅游生产现场之间的空间距离、目标客源人群的集中度等。

一般来说，目标客源市场规模越大，所需设置的销售网点就越多，旅游企业靠自身力量去全面设置直销网点的难度就越大，这时就有必要开辟间接销售渠道，借助中间商的力量组织客源和扩大销售，只要不违背成本效益原则，所选用的销售渠道即使再长亦可取。反之，如果目标客源市场的规模比较小，企业自身的力量可以覆盖（链接客源），就没有必要增设间接销售渠道，要设也应选择尽可能短的间接渠道模式。

客源地距离远近也会影响渠道模式的选择。以远距离的国际旅游市场为主要目标客源市场的旅游企业一般都会采用长渠道销售模式。目标客源地距离企业比较近的，则采用直销渠道比较合适。如以本地市场为主要客源市场的区县的旅行社，多采用直销渠道。

在目标客户分布密度较高的客源地域，一般适合借助该地旅游零售商的力量去设置单层次销售渠道。若是目标客户分布密度较高的主要客源地域，旅游企业可以根据情况自己设立销售网点。如不少旅行社会选择在非总社所在地的主要客源地城市跨省设立分社，设立社在其所在地的省、自治区、直辖市行政区划外设立分社的，还可以在该分社所在地设区的市的行政区划内设立服务网点（分社不得设立服务网点）。反之，如果潜在目标客户在该客源地域内的分布比较分散，则适合与该地的旅游批发商建立业务关系，由它们去物色和组织该地的旅游零售商面向潜在客户进行销售。

3. 企业自身因素

旅游企业对营销渠道模式的选择也会受到企业自身一些因素的影响，主要包括：

企业的经营规模或接待能力，以及企业的营销实力。

一般来说，小型旅游企业因为经营规模小，所需的客源量相对有限，加之用户中有很大一部分是回头客，所以会采用直接销售的模式——在生产地点进行销售，或通过“私域流量”实现所需的销售量。与之相比，大型旅游企业所需实现的销售量很大，单靠自身力量进行直销通常不足以解决问题，因而往往需要通过开辟间接销售渠道去争取足够的客源。

旅游企业的营销实力主要取决于企业的营销预算、营销队伍的技术水平以及企业在营销工作方面的管理经验。如果一个旅游企业的营销预算充足，营销队伍强，管理经验丰富，就能够依靠自己的力量广设销售网点，或者选择自认为理想的销售渠道模式。反之，如果一个旅游企业的营销资源有限，或预算不足，或能力不济，仅靠自身力量不足以揽到足够的客源，就不得不设法开辟间接销售渠道，借助中间商的力量实现企业的销售量目标。在开辟间接销售渠道时，旅游企业由于自身资源条件的限制，有时会难以争取到最理想的中间商与自己合作。

（三）选择营销渠道和旅游中间商的策略

1. 营销渠道的选择策略

营销渠道的选择策略，主要是指选择营销渠道的长度和宽度的策略。

一般来讲，对于旅游企业而言，在营销资源条件允许的情况下，短渠道优于长渠道。原因有以下三点：

（1）就消费者心理而言，“厂家直销”意味着旅游企业是以“出厂价”销售其产品，会比较便宜。这也是旅游消费者希望从生产者或供应商处直接购买或预订产品的主要原因。

（2）从旅游产品流通的实际情况来看，在通过间接渠道进行销售时，旅游代理商要收取佣金，旅游批发商则会在批发价格的基础上加价出售。代理佣金的支付会减少旅游生产者或供应商的收入。若旅游批发商加价过高，则会影响旅游产品的销售，从而影响生产者或供应商产品的市场占有率。

（3）在产品销售过程中，如果增加中间环节，不仅会影响旅游生产者或供应商与用户之间信息的沟通速度，还可能会因中间商的原因出现信息不对称的情况。

至于营销渠道宽度的选择，有两种策略：无限制性选择策略和限制性选择策略。

无限制性选择策略是指旅游生产者或供应商在自设销售网点实力有限的情况下，为了扩大产品销路而广泛使用中间商。具体来说就是对旅游中间商的使用不加选择，但往往会根据自身的销售实力以及对有关中间商的重视程度，具体确定付给不同中间商的佣金水平。旅游饭店在借助中间商销售其住宿产品时一般采取这一策略，不过一般仅限于按常规房价进行销售，对于自己提供的包价组合产品或特价优惠产品，则往往是饭店自己进行销售，并且会通过指定的代理商进行销售。

限制性选择策略则是指旅游供应商根据自己的销售实力和目标市场的地域分布格局，在一定的客源地域范围内挑选少数几家中间商经销或代销自己的产品。这种策略尤其适合销售价格较高或市场供给量不大的旅游产品，如海上巡游度假产品。

2. 旅游中间商的选择策略

凡是从事转售旅游生产者或供应商产品的业务、具有法人资格的经济组织或个人都是旅游中间商。依据不同旅游中间商主营业务的类型，可以将旅游中间商划分为旅游批发商和旅游零售商。不过，有些旅游批发商也兼营零售业务。依据不同旅游中间商的经营性质，可将其划分为经销商和代理商。

经销商和代理商的区别在于，经销商是指那些在转售旅游生产者或供应商产品的过程中拥有产品“所有权”的旅游中间商；而代理商则是指那些只是受旅游产品生产者或供应商的委托，在某一地域内代理销售其产品的中间商，它并没有获得产品“所有权”。如经营组团业务的旅游批发商和旅游经营商，它们通过预付定金，批量订购航空公司、酒店以及其他类型旅游供应商的单项产品，将其组合为包价旅游产品进行经营，由于它们已经支付了定金，因而在预订期内拥有这些单项产品的控制权，如果它们的实际组团人数未能达到这些单项产品的订购量，预先支付的定金将无法完全收回。从这个意义上说，它们具有经销商的性质。它们的利润来自其包价旅游产品的成本加价。而代理商的收入主要来自委托方支付的佣金。

通常情况下，旅游批发商和经营商[①]多为经销商，独立经营的旅游零售商则多为代理商。

旅游批发商和经营商的业务主要涉及：（1）包价旅游线路的筹划和产品打包；（2）包价旅游产品的推销；（3）旅行团队的组织与管理。在销售渠道中，旅游批发商和经营商扮演的角色包括：（1）整体旅游产品的组合者。（2）促销活动的分担者。旅游批发商和经营商因为有“存货”压力，所以会主动承担产品的促销工作。（3）销售渠道的合作组织者。在双层次和多层次销售渠道中，旅游生产者或供应商一般只与旅游批发商和经营商发生直接业务关系，至于通过旅游零售商向用户出售这些产品，则是由旅游批发商和经营商去组织的。因此，旅游批发商和经营商的销售渠道客观上便成了旅游生产者或供应商产品销售渠道的一体化组成部分。这无疑有助于节省旅游生产者或供应商维持其产品销售网点的费用，但也让旅游生产者或供应商的选择变得非常重要。

旅游零售商是直接面向用户经营旅游零售业务的中间商，其业务一般包括：为用户提供旅游咨询服务、代客预订、代办旅行证件、向委托方反馈用户意见等。在销售渠道中，旅游零售商主要扮演以下角色：（1）用户购买决策的重要影响者。很多调查表明，旅游零售商的这一作用并未因现代信息技术的发展而削弱[②]。（2）传播销售信息的重要阵地。旅游消费者可以从旅游零售商那里获得各种与旅游产品有关的信息，这些信息和宣传资料主要来自产品的供应商。（3）方便购买的销售点。旅游零售商地处客源市场所在地，且大都位于当地城镇的繁华地段或目标客户集聚区，具有地理位置上的便利性。用户可以通过旅游零售商一次性地预订单项旅游产品，并一次性地支付费用，从而简化购买手续和节省时间。

旅游中间商的选择策略，主要是事前进行质量评估，事后进行质量评价。

---

① 旅游批发商是指主要从事组织和批发包价旅游业务的商家。旅游经营商是指以组合及批发包价旅游产品为主要业务，兼营旅游产品零售业务的旅行社。

② 沈雪瑞，李天元，曲颖．旅游市场营销［M］．3 版．北京：中国人民大学出版社，2022：255.

选择旅游中间商时，应事先进行质量评估。质量评估可参照以下标准：

（1）拟挑选旅游中间商的目标市场是否与企业产品的目标市场相一致。

（2）经销商的营销渠道或代理商的营业地点是否处于企业产品目标市场人群相对集中的区域或地段。

（3）旅游中间商的经营规模如何。

（4）针对旅游中间商的营销资源、服务质量、销售速度以及促销工作经验等进行营销实力评估，根据评估结果对拟选用的旅游中间商进行排序。

（5）拟选用旅游经销商的偿付能力和履约信用。

（6）维持该渠道所需支付的费用企业能否负担或是否值得负担。

（7）拟选用的旅游中间商是否有合作意愿及愿意付出的合作诚意。

旅游中间商的质量评价，最终取决于两项指标，具体如下：

（1）中间商为企业实现了多大的产品销量或销售额。

（2）企业为维持这一销售渠道支付了多少费用。用于表示这一费用标准的指标有两种：单位销售量费用和单位销售额费用。

单位销售量费用 = 该渠道的维持费用 / 通过该渠道实现的销售量

单位销售额费用 = 该渠道的维持费用 / 通过该渠道实现的销售额

三、线上线下整合营销策略

学习微平台

延伸阅读 6-2
系统思维

信息技术的发展对旅游销售渠道产生了深远的影响。线上线下整合营销，成为旅游企业促销的大势所趋。这就要求我们在开展旅游营销时要树立系统思维，运用系统思维分析解决问题。

（一）整合“线上线下”渠道

菲利普·科特勒认为，客户在不同渠道间来来回回，却希望能获得无缝持续的体验。未来营销的关键是为客户打造无缝衔接的线上和线下体验。因此，营销人员要努力整合“线上线下”渠道——结合线上世界的即时性和线下世界的亲密性——说服客户最终购买。想要做到这一点，就要关注那些关键的触点和渠道，并让员工形成组织，共同支持多渠道营销战略的实施。旅游生产者或供应商可采用线上引流、线下体验的方式，通过活动策划让目标客户亲身体验产品和服务，实现最终购买。

（二）加强客户互动营销

学习微平台

延伸阅读 6-3
社会化 CRM

想要让购买者变成拥护者，营销人员需要一系列的客户互动策略。数字时代加强客户互动的策略中，已经证实行之有效的主要有三种：第一种是使用移动应用（App）改善客户体验；第二种是通过社会化客户关系管理即社会化 CRM（Customer Relationship Management）为客户提供发言权和解决方案；第三种是用游戏引导客户行为，从而加强互动，如龙湖天街的龙珠兑换活动，就是用游戏化项目刺激客户触发购买行为。这三种方法并非彼此独立，可以把它们结合起来，以实现最佳效果。

（三）建立渠道流量闭环

何为流量？从营销上看，流量就是一定时间内到访的潜在客户数量。流量是所有商业行为的前提，所有的经营都需要流量。对于旅游生产者或供应商而言，只有建立自己的流量池，才能形成与客户之间的反复互动，实现流量的多次转化。

建立渠道流量闭环可以从以下几方面着手：

（1）建立自媒体矩阵。旅游产品的特点决定了它离不开图片、视频来帮助客户建立起对产品的了解。各种内容平台提供了很好的供创作者表达自己、吸引客户的机会，生产者或供应商应该尝试建立自己的自媒体矩阵和内容创作团队，这将是旅游企业经营的核心能力之一。

（2）开发“私域”流量。“私域”流量，简单来说，就是通过公众号、微信群、私人号、小程序沉淀下来，供应商可以自己掌握的流量。相对“公域”流量而言，“私域”流量属于商家的“私有资产”，是真正意义上的自有客户资源，具有可反复利用、无须付费、随时触达、企业可真正自己掌握客户关系及推荐逻辑的特点。适合开发“私域”流量的产品应该具备“高客单价、高毛利、非标品、决策周期长、决策困难大、消费频次适中、适合分享”的特点，比如旅游度假产品。

（3）搭建企业“私域”电商。注意力所在的地方就有流量。构建“私域”流量的第一步是去找“公域”流量——潜在目标客户在哪里就去哪里。这个阶段要传递给潜在目标客户关注价值，将其引流到供应商的公众号或私人号，最推荐的依然是私人号。这个阶段要想清楚“客户为什么要添加我”“我能给客户提供什么样的价值”。在等待客户加好友之前，有一些准备工作可以做。如为了让“私人号”更接近真实用户，需要提前“养号”，可通过增加消费、转账、与好友互动、朋友圈内容建设等方式来养号。针对每一个服务过的客户，都可以有意识地与其建立起联系，构建起客户的信任。诚意大于技巧。要通过情感互动关系，增加互动和服务的触点从而获得更多的可能，包括复购、分享和推荐。运营“私域”电商的核心是信任和情感账户。只有通过精细化的服务设计，才能打消客户的心理防御，构建起彼此的信任关系。“私域”流量下旅游生产者和供应商的员工也不是导购、不是客服，而是有情感、有温度、有价值的人[①]。

学习微平台

延伸阅读 6-4
旅行社常见的流量和特点

四、营销渠道的管理

在旅游营销渠道中，各方之间的合作往往是一种不稳定的联盟。这主要是因为各参与方的动机或所求不尽相同。在这样一种销售系统中，究竟哪一方拥有控制力量是一个难以简单回答的问题。旅游销售渠道中控制权的归属并不能人为决定，而是很大程度上取决于产品的供求状况。

对于旅游产品的生产者或供应商来说，为了促使旅游中间商注重自己产品的推销，

① 许义．新旅游：重新理解未来 10 年的中国旅游［M］．北京：中国旅游出版社，2021：58-67.

可考虑采取以下措施：

（1）实行高销量高佣金，提高旅游中间商推销企业产品的积极性，即对超过定额的产品销量采用较高的佣金率或采取其他的奖励办法，原则是所给予的奖励对零售代理商有吸引力。

（2）邀请旅游中间商前来考察访问，加深旅游中间商对企业产品的了解。

（3）采取提供免费电话以及保证提供宣传材料等各种助销措施，支持和帮助旅游中间商推销企业产品。

同时，在销售渠道的运转过程中，旅游生产者或供应商也要秉持高效率和低成本的原则，注意定期检查和评价中间商的质量变化，以便及时调整与中间商的合作关系。对于长时间违背上述原则的销售渠道，应予以放弃，并终止与中间商的合作关系。

此外，旅游生产者或供应商也要根据旅游市场状况的变化，及时对销售渠道进行调整。如随着散客比重的增大，很多旅游目的地的旅游供应商都在努力发展直接预订渠道，扩大与客源地旅游零售商的直接合作。与之相比，在那些团队包价旅游需求仍占上风的市场地域，旅游批发商仍将是旅游目的地的旅游供应商销售其旅游产品的最重要途径。

任务实施

你怎么看旅游产品销售渠道的变化？

案例：

杭州宋城在1996年成立之初业务重心为主题公园而非演艺，彼时《千古情》仅仅是一个露天演出节目，定位为宋城景区附属品，向游客免费演出。2003年，宋城推出全新剧院版《宋城千古情》，并进行商业化运作，演出知名度逐渐提高，并成为宋城的品牌旅游项目，主题公园退而成为演艺节目的容客缓冲场所。当时，宋城主要是通过旅行社（特别是经营华东线的旅行社）进行演出门票销售，给予旅行社较优惠的价格。后随着《宋城千古情》知名度的提升，给旅行社的佣金也逐渐调低，销售渠道亦进行了调整，除旅行社代理外，还开展网络票务销售即线上直销或分销宋城门票，亦有与其他景点的联动销售。目前，宋城景区实行一票制，涵盖入园门票和演出票，并对应《宋城千古情》演出的特定座位。

想一想：

1. 旅游产品的销售渠道有哪些？

2. 随着互联网应用在旅游业中的普及，很多人预言旅游零售代理行业将会逐渐消亡。对此你有何看法？为什么？你认为旅游零售代理行业的发展趋势是怎样的？其出路在哪里？

班级 姓名 学号 成绩

任务实训

实训主题	旅游企业产品营销渠道分析与优化建议
实训目的	通过案例调研，学生能够认识营销渠道，掌握选择营销渠道的原则、影响因素和策略，能应用线上线下渠道组合进行营销
实训内容	小组合作，在老师的指导下，应用所学知识，利用网络调研、资料收集或实地访谈等形式，分析某旅游企业的旅游产品营销渠道，并提出针对性的优化建议
实操实训	1. 梳理该旅游企业产品内容及选择的营销渠道 （1）详细了解该旅游企业产品内容，如：价格、服务要求、消费者分布及购买习惯等 （2）了解该企业旅游产品的营销渠道构成状况 （3）按照该企业旅游产品营销渠道的类型，对该旅游企业主要的产品营销渠道进行分类
	2. 分析该旅游企业产品营销渠道的影响因素 （1）分析该企业产品营销渠道的主要影响因素 （2）分析各影响因素在产品营销渠道构成中所起的具体作用
	3. 分析产品营销渠道构成情况 （1）了解产品营销渠道中有无中间商及原因 （2）如果是间接营销渠道，请按照旅游中间商类型，列出该旅游企业主要旅游产品营销渠道中存在的中间商，并分析旅游企业所选择的中间商所起的作用
	4. 对主要产品营销渠道选择进行判断 （1）分析该旅游企业产品的性质与旅游中间商的选择是否相符 （2）说说该旅游企业产品营销渠道选择是否合理，并分析理由
	5. 有针对性地对主要产品进行营销渠道优化和管理 （1）提出对该旅游企业产品营销渠道进行优化的建议 （2）提出对该旅游企业产品营销渠道进行管理的建议

班级 ________ 姓名 ________ 学号 ________ 成绩 ________

考核评价

班级______ 姓名______ 学号______ 成绩______

知识点和学习评价一览表

序号	知识评价点	自我评价结果			备注
		掌握	基本掌握	未掌握	
1	认识营销渠道				
2	选择营销渠道的基本原则、影响因素				
3	选择营销渠道和旅游中间商的策略				
4	线上线下整合营销策略				
5	营销渠道的管理				
6	你认为本任务最有价值的内容是什么？对你有什么启发？				

任务拓展

数字资源：旅行代理行业会消亡吗？

任务三　开展促销活动

任务准备

一、认识促销

（一）什么是促销

促销是指一个组织或企业对外开展的营销传播活动。旅游促销，指的是旅游企业或旅游目的地为了树立自己或产品的形象，或者为了使消费者市场注意和了解自己的产品、引导和激发消费者的购买兴趣而对外开展的营销传播或市场宣传活动。

（二）什么是促销组合

促销组合是对一个组织或企业用以开展促销活动的各种手段或工具的总称。其范围随着现代科技的发展不断拓展，如在旅游企业中应用日益普遍的互联网营销。旅游企业用以开展促销活动的常用手段包括：广告促销、销售促进、人员推销、公共关系等。

（三）促销策略与促销活动计划

在市场营销研究文献中，促销策略有时亦称促销决策，通常是指旅游企业或旅游目的地营销组织在促销信息、目标受众、促销预算、促销组合、促销效果测量以及整个促销过程的管理与协调等方面决策的总和。它表现为通常所说的旅游企业或旅游目的地营销组织开展促销活动的计划。

促销活动策划过程主要包括六个阶段，见图 6－4。

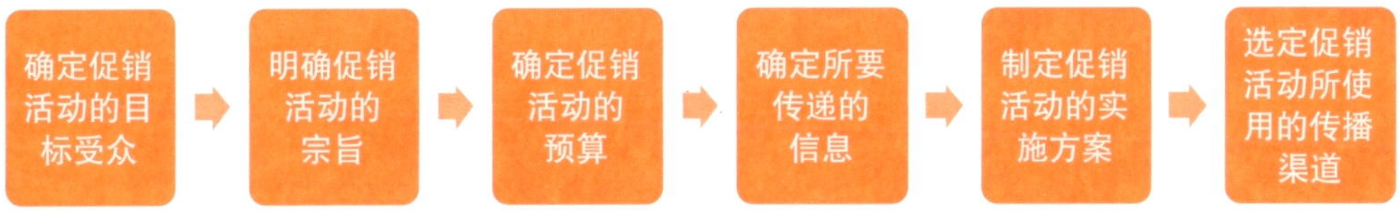

图 6－4　促销活动策划过程的六个阶段

二、广告促销

（一）旅游广告的概念

旅游广告是指旅游企业或旅游目的地营销组织通过出资购买社会媒体的版面或播

放时段，面向目标受众开展的信息传播活动。

（二）旅游广告的策划步骤

1. 确定广告的目标受众

旅游广告策划，首先要明确目标受众。要清楚地识别广告的目标受众是哪些人、人群规模有多大、他们身居何地、他们有哪些共同的特点和偏好、他们寻求或看重哪些方面的利益等。经验表明，营销者对目标受众越了解，广告策划工作就越有效。要投其所好，而非给己所要。

2. 构思和设计所要传递的信息

这一步很关键，也是广告策划过程中最具有创造性的工作。一般来说，一则广告的成功取决于两方面因素的有机结合：一是该广告的信息设计；二是该广告的表现形式。作为广告主，旅游营销者应明白自己必须对广告的信息内容而非表现形式负责。广告需要传递哪些信息必须由广告主去选定和设计，至于以何种艺术形式去表现该广告，并不是广告主所必须具备的专长，可以委托专业的有经验的广告代理商去完成。

一则广告宜只强调一个主题，所以广告主需对想要传递的信息进行筛选，挑选出目标市场人群最感兴趣的产品特色——目标客户最感兴趣或最看重的购买利益，作为广告主题。营销者在构思和设计广告主题词时应遵循两个基本原则：（1）广告主题词的设计要有创意；（2）广告主题词的设计应便于记忆。同时，广告信息必须是真实、可信的。

3. 选择最有效的广告媒体

一是选择与目标市场人群密切程度最高的媒体。可从媒体的广告覆盖面、目标客户的媒体试听习惯、所要推介的旅游产品性质或类型等方面进行考量。

二是考虑成本效益。在选择广告媒体时应注意：在成本费用与受众质量之间取得平衡（如高档饭店的产品广告在商务杂志上刊登虽然比在通俗刊物上刊登成本费用要高，但宣传价值或传播效果要更好）、考虑媒体的受众对广告的注意程度、评价媒体的社会公信度。

三是考虑产品特点。如风景区旅游点就宜选择杂志彩页和电视、短视频媒体做广告，直观而形象。

四是考虑广告信息的特点。如时效性很强的旅游销售广告就比较适合以报纸为媒介，而不适合以杂志为媒介。

4. 安排广告的推出时间和模式

旅游公告的推出时间没有一定之规，可根据目标市场的特点，有意识地采取顺季节变化而动、逆季节变化而动或维持全年不变的广告策略。

在广告的播出和刊发模式方面，既可采用持续性播出 / 刊发——在某一特定时期内均衡地安排广告的播出 / 刊发时间，也可采用密集式播出 / 刊发——在某一特定时期内分几段时间密集安排广告的播出 / 刊发。

5. 确定广告预算

这里说的广告预算指的是开展广告活动的预算。可采用目标任务法，根据所需完成的目标任务（宣传目的）测算广告预算。如果发现所分配的预算额度不足以支持这一目的的实现，那么营销者有两种选择：一种选择是追加预算，或寻找机会变相增加预算，如与其他相关企业联手推出广告，共同分担广告费用；另一种选择是在不得不接受既定预算的情况下，对原定的广告目标做适当的修订。

6. 评价广告效果

评价广告效果一般有两种途径：一是测量广告的销售效果；二是测量广告的传播效果。

广告的销售效果可以通过广告投放前后旅游产品销售量的对比来进行测量。不过由于很多其他因素也有可能对产品的销量产生影响，人们往往难以有效地将广告在其中所产生的影响分离出来，因而也很难有把握地评价广告活动对产品销量变化的作用程度。

因此，人们在评价广告的效果时通常会测量广告活动的传播效果。具体的做法有两种：一种是对广告的传播效果进行事前测试；另一种是对广告的传播效果进行事后测量。

事前测试是指在广告正式推出之前对其未来的传播效果进行预先估测。常用的方法主要有两种：

（1）直接评分法。基本做法是，调研人员向参与测试的若干目标消费者出示几种广告方案，要求他们分别进行评价和打分，然后根据评分的结果判断和比较各广告方案的吸引力及对目标消费者市场的影响程度。虽然这一方法并不足以证明这些广告推向市场之后的实际效应，但是，如果目标消费者对其中某一广告方案的评价很好，则通常预示着该广告方案的潜在效果也会比较好。

（2）组合测试法。基本做法是，调研人员首先让参与测试的目标消费者观看或聆听一组不同的广告，然后要求他们对各广告进行回忆。回忆既可以在调研人员的帮助下进行，也可以完全由参与测试的消费者独立完成。回忆的结果可说明各广告能够被理解和识记的程度。

事后测量是指在正式推出广告之后，对其实际的传播效果进行测量。常用的方法也有两种：

（1）回忆测试法。基本做法是，调研人员选择阅读过某些报刊或收看过某些电视节目的消费者作为调查对象，要求他们尽可能回忆某广告及其宣传的产品信息。调研人员通过对调查对象的回忆情况（包括有多少人能够记起广告、对产品信息的记忆程度如何）进行记录和分析，可以得知该广告为人们所注意的程度以及容易记忆的程度。

（2）识别测试法。基本做法是，调研人员将某一媒体的受众作为调查对象，通过了解和统计曾在该媒体上注意到某广告的人数所占的百分比，以及在不同程度上记得该广告信息内容的人数所占的百分比，来分析和评价该广告在目标市场人群中的影响度。

三、销售促进

（一）销售促进的概念

销售促进也可以称为营业推广或销售推广，一般指企业在特定的时期内，为了刺激消费者购买本企业的产品，或者刺激中间商或本企业员工（销售队伍）加大力度推销本企业的产品而暂时采取的一系列能够迅速产生激烈作用的战术性促销举措。如“双 11”打折，在某一特定时间段景区免门票，或面向零售代理商推出奖励佣金等。

学习微平台

案例分享 6-2
内蒙古发布“旅游专列、包机”和“旅游招徕”专项奖励措施

（二）销售促进的类型及常用手段

根据销售活动面向的人群对象，可将销售促进活动划分为三类：面向消费者市场开展的销售促进、面向中间商开展的销售促进、面向本企业销售人员开展的销售促进。营销时，营销者可根据面向人群的特点、当时的竞争状况以及每一种手段的成本等综合考虑，做出恰当的选择。三种旅游销售促进活动的目的及常用手段见表 6－3。

表 6－3　三种旅游销售促进活动的目的及常用手段

类型	目的	常用手段
面向消费者市场开展的销售促进	（1）鼓励顾客在特定时期内购买 （2）吸引顾客尝试某一产品 （3）应对竞争 （4）用作特定时期的危机管理手段	临时降价、伪装削价、优惠券、附带赠品、额外服务、抽奖活动、免费礼物等
面向中间商开展的销售促进	（1）鼓励中间商在特定时期内加大力度推销本企业产品 （2）鼓励中间商配合本企业开展产品促销	奖励佣金、销售竞赛、招待会 / 联谊活动、赠送礼品等
面向本企业销售人员开展的销售促进	（1）鼓励销售人员突击实现特定时期内的销售指标 （2）鼓励销售人员创造性地开展销售工作，发展新客户，开辟新客源	奖金 / 奖品、奖励旅游等

四、人员推销

（一）人员推销的概念和意义

人员推销是指旅游企业销售人员与目标客户直接交往，游说目标客户购买本企业产品或服务的旅游促销活动。与其他促销活动相比，人员推销成本较高，但它也有独有的值得称道的地方。销售人员与客户直接交往，不仅能使促销工作更加个性化，能够即时解答客户的疑问，而且往往能直接促成产品销售。客户出于对销售人员个人的信任和好感，容易对其所推荐的产品或服务产生正面的联想。

（二）人员推销活动的开展方式

在旅游业中，人员推销活动的开展方式主要有以下四种。

1. 上门推销

上门推销即安排销售人员登门拜访选定的目标客户，与其面对面洽谈，直接推介本企业产品，直接进行交易谈判，争取让对方选择本企业产品。

2. 营业推销

它是指旅游企业提供旅游产品或服务的各个环节的从业人员在为客户提供服务的过程中推销旅游产品的活动。营业推销最好是通过优质的服务赢得客户的好感，以谈话方式及行为方式向客户介绍和展示旅游产品，回答客户询问，完成交易。但在推销过程中要注意不要给客户造成困扰。洛夫洛克在《服务营销》中写道："顾客对服务接触的感知，是决定满意度、质量感和长期忠诚度的关键因素。"好的服务才是最好的营销。

3. 电话、微信、短信、邮件推销

这是指通过打电话、发微信或短信、写邮件等方式与所选定的目标客户进行联络和沟通，将产品信息和促销优惠活动告知客户，具体目的与上门推销相同。需注意的是，微信、短信和邮件也应像电话一样是一对一联系，不能是群发，否则起不到联络感情、为客户单独服务的促销效果。

4. 会展推销

会展推销即旅游企业、旅游目的地利用各种会议、展览介绍和宣传本企业或本地的旅游产品或服务，开展推销活动，如旅游交易会、旅游博览会等。这种方式突出的特点是推销集中，接触面广，省时省钱，成交量大，而且推销者不必以推销员的身份出现在客户面前，购买者的心理负担小，推销阻力也相应减弱，但对目标客户产生的影响力却很大。

（三）销售队伍的组织与管理

人员推销需要一支能打硬仗的销售队伍。销售队伍的组织与管理所涉及的工作范围很广，这里只简单介绍一些基本知识和主要事项。

1. 销售人员的招聘与甄选

旅游企业在招聘销售人员时首先需要明确应聘者所需具备的任职条件。具体任职条件的制定可以根据企业的自身情况因地制宜，从而为企业聘用合适的人。

最优秀的员工往往是无法通过培训获得的，这要依靠员工内在的品质。在甄选销售人员时有两项基本的素质要求：（1）具有感染力，善于从客户的角度思考问题，能够博得客户的好感与信任；（2）具有自我驱动力，即具有强烈的成功欲望。企业可在面试时通过测试的方式对这些素质进行考察。

2. 销售人员的管理与考评

星巴克首席执行官（CEO）霍华德·舒尔茨（Howard Schultz）在自传《将心注入》中写道："满意的员工，才会创造满意的顾客。"内部营销对于企业销售队伍的建设至关重要。

内部营销即企业必须有效地培训和激励企业内与顾客打交道的员工以及支持性服务人员，促使他们以团队的形式开展工作，为顾客提供满意的服务。

（1）照顾好你的员工。

丽思卡尔顿酒店（Ritz-Carlton Hotels）是以卓越的服务而著称的豪华连锁宾馆（唯一两次获得美国鲍德里奇国家质量奖的酒店）。70% 的丽思卡尔顿顾客会再次光临，成为忠实的回头客。其重要经营理念是：照顾好那些照顾顾客的员工；满意的员工才能传递高服务价值，进而创造出满意的顾客，继而为企业创造出销售额和利润。德鲁克在《公司的概念》一书中说："员工的满足感取决于他们受到重视的程度，而与工作性质无关。"只有让员工对企业产生归属感，他们才能快乐开心地去工作，才能把顾客当作亲人。

（2）培训好你的员工。

学习微平台

延伸阅读 6-5 员工第一，顾客第二

企业要重视员工培训，这出于两方面的考虑：

一是优秀的人才的确不是培训出来的，但是好的培训可以加快人才的成长速度。很多企业管理者往往看到了优秀人才的才干与实实在在的业务产出，而忽略了普通人才的成长空间，这是对组织能力建设的一种巨大的伤害。一个优秀的组织，不仅要能够发现优秀的人才，还要注重组织整体能力的建设。旅游企业应通过沉淀组织经验、设计知识与技术管理体系、制定人才梯队建设管理制度，持续地提升销售队伍的整体能力。

二是特定的符合企业发展要求的德才兼备之人只能由企业自己培养。这里的"德"是指符合组织和企业特定的文化、价值观、行为理念、同频思维的心智模式。其他企业不可能为你培养出适合你的德才兼备的人才，他们是企业根据自身需求设计并训练出来的。

销售人员的培训有很多种，其中必不可少的有以下三种：产品知识方面的培训；业务规章方面的培训；工作技能方面的培训。培训可以采用讲座、研讨、例会、典型案例分享等多种方式进行。

（3）告诉你的员工该怎么做。

1）帮助员工设计对标人物。就是找一个"陪练"，让员工不断受到挑战而又不会骄傲浮躁。

2）设计员工预期。企业需要有合理的分配机制，管理好员工的预期和需求，让员工得到自己该得的一份。

3）设计赛跑跑道。企业还要有高效的激励机制，充分调动起员工的欲望，让他们为自己的欲望去拼搏和奋斗。员工激励的过程实际上是一个不断研究员工需求和欲望的过程，在这个过程中要不断地满足员工的阶段性需求和欲望，同时又要设计新的调动欲望的催化剂。激活人的需求与欲望也是组织发展的一个本质需求。要考虑组织的需求，让组织成员一直充满激情和斗志。

4）让员工即时满足。旅游企业的员工，包括销售人员，很多都很年轻。年轻人有改革的动力和冲动，但是他们往往希望快速见到成果，对"延迟满足"耐受度较低，容易出现以自我为中心的情绪。企业要有阶段性的可视目标，让员工有实实在在的收获，与企业共同成长。企业可以采取以下几种措施：通过实施销售额管理对销售人员实行报酬激励；为销售人员提供良好的组织环境，并为其提供晋升机会；对工作表现突出者及时给予表彰和奖励，满足其对成就感的需要。

5）让员工感到公正。在对销售队伍的评价与控制方面，营销部门通常按照所制定的评价制度对销售人员进行年度考核。评价制度的内容一般包括：销售业绩评价、顾客满意度评价、素质评价（评价销售人员的态度、仪表等个人素养和对企业、产品、客户、竞争者以及自身职责等方面的了解程度）。评价的标准和程序，最好能在开始制定的时候就让员工参与，听取其意见并予以反馈，使评价结果能够让员工（销售人员）感到公正。

五、公共关系

（一）公共关系的概念与作用

公共关系，指一个组织或企业为了建立并保持自己与公众的相互了解而有目的、有计划地开展的信息传播活动。

公共关系对公众心理产生的影响要远远大于广告所带来的影响。特别是对旅游企业而言，同社会公众间的良好关系是其经营活动得以可持续发展的必要条件。自媒体时代，旅游业所面对的社会压力和环境压力较过去大为增加。无论是旅游目的地营销组织还是旅游企业，都对公关宣传工作越来越重视。

旅游公共关系对于塑造旅游企业的公众形象、提高知名度与美誉度、增强市场竞争力具有重要作用。

（二）旅游公共关系的种类和常用方法

1. 旅游公共关系的种类

根据活动方式，旅游公共关系可以分为：宣传型、交际型、服务型、社会型、征询型；根据组织与环境的适应态势关系，旅游公共关系可以分为：建设型、维系型、防御型、进攻型和矫正型。具体见表 6－4。

表 6－4　旅游公共关系的种类

分类标准	类型	手段与目的
活动方式	宣传型	运用各种传播媒介和沟通方法开展宣传工作，向社会公众展示企业的发展成就和公益形象，以形成有利于本组织发展的社会影响和舆论环境
	交际型	以人际接触为手段，与公众、消费者、中间商等对象协调沟通，进行感情联络，以加强情感维系
	服务型	以提供热情、周到和便捷的优质服务为主要手段，通过实际行动来获取社会的了解和好评，树立良好的形象
	社会型	通过举办各种社会性、文化性的赞助或公益活动来开展公共关系活动，目的是塑造组织的良好形象，提高组织的知名度和美誉度
	征询型	通过信息采集、舆论调查、民意测验等工作，加强双向沟通，使组织了解社会舆论、民意民情、消费趋势，为组织的经营管理决策提供客观依据，以不断完善企业形象

续表

分类标准	类型	手段与目的
组织与环境的适应态势关系	建设型	在组织初创时期或新产品、新服务首次推出时期，为开创新局面进行的公共关系活动。目的在于提高美誉度，形成良好的第一印象，或使社会公众对组织及产品产生兴趣，直接推动组织事业的发展
	维系型	在稳定发展期间，用来巩固良好形象的公共关系活动。目的是通过持续的公关活动，巩固、维持与公众的良好关系和组织形象
	防御型	为防止自身的公共关系失调而进行的公共关系活动。目的是在组织与公众之间出现摩擦苗头的时候，及时调整组织的决策和行为，消除摩擦苗头，始终将与公众的关系控制在期望的轨道上
	进攻型	当组织预期目标与所处环境发生冲突时，采取主动出击的方式来树立和维护良好形象的公共关系活动。目的是减少或消除引起冲突的因素，并保证预期目标的实现，从而树立和维护良好形象
	矫正型	在遇到问题与危机、公共关系严重失调、组织形象受到损害时，为了扭转公众对组织的不良印象或已经出现的不利局面而开展的公共关系活动。目的是及时对严重受损的组织形象进行纠偏、矫正，挽回不良影响，转危为安，重新树立组织的良好形象

2. 旅游公共关系的常用方法

旅游公共关系的常用方法有以下几种：

（1）创造和利用新闻。利用或策划有吸引力的新闻事件，或举行、承办有影响力的活动，创造机会吸引新闻媒体和社会大众的注意。同时向新闻媒体提供与旅游企业或旅游目的地有关的新闻稿件以及参考资料（包括文字材料、照片等）。

（2）举办有关旅游企业或旅游目的地最新发展情况的新闻发布会。

（3）面向特定的公关对象举办招待会或联谊活动。

（4）在旅游交易会或其他公众会议、论坛上介绍和宣传旅游企业或旅游目的地的有关情况。

（5）邀请电视台和广播台的有关节目组人员、报刊旅游栏目的记者、旅游方面的网络意见领袖、旅游中间商以及经常批量购买的团体客户等前来参观，并为其提供详细的文字材料和照片。

（6）邀请有影响力的重要人物和社会名流光顾旅游企业或旅游目的地，以吸引媒体报道。

（7）赞助和支持各项公益活动，以赢得社会公众的爱戴，如参与捐资助学、关爱弱势群体、救灾，以及为社会组织的各类文化、娱乐、体育等公益性质的活动提供赞助等，以提升旅游企业或旅游目的地的知名度和美誉度。

（8）建立和维护旅游企业或旅游目的地与新闻媒体的联系。

六、促销活动效果的评价

对促销活动效果进行评价时，其核心工作围绕两个问题展开：一是这一促销活动的开展旨在达到何种目的？二是促销活动的开展是否达到了这一目的？回答第一个问题需要做事前评价，回答第二个问题的工作就是事后评价。

（一）事前评价

通常情况下，在推出促销宣传活动之前，营销者会先测试其信息内容或创意设计的有效性，还有可能对拟选用的传播渠道进行评价。

在测试信息内容或创意设计的有效性方面，最常见的做法是组织中心组座谈。

在评价传播渠道的有效性方面，通常会测量有关媒体的受众范围，譬如测量读（观）者规模、电视节目的收视人数或者有机会见到广告牌的人数。测量指标通常包括点赞数或到访数、收视率、平均千人费用等。

（二）事后评价

一般来讲，对促销宣传活动的效果进行事后评价主要有四个目的：

（1）检测和评价潜在消费者在何种程度上得知旅游企业或旅游目的地的促销信息。这一工作主要通过组织对消费者进行记忆测试的方式开展。

（2）测量和评价旅游企业或旅游目的地在旅游消费者市场中的知名度或知名度变化情况。

（3）检测和评价消费者对旅游产品的态度或购买行为发生变化的情况。这一工作主要通过专项市场调查的方式进行。

（4）测量和评价促销活动的开展对产品销售量或顾客预订量的影响程度。这一工作主要通过调查促销活动开展之前和开展之后产品销售量或预订量的变化情况进行。

事后评价要关注时间投入的回报率。即用活动的总小时数乘以每小时的支出，然后与营销活动中的总收入[①]相比较。如果活动中花费的时间价值大于销售产生的价值，意味着投资回报率为负；如果由营销活动带来的客户、合约、订单的价值是时间价值的很多倍，则说明回报率为正且可以继续上升。

关注时间投入的回报率，其实就是要关注流量的转化率。流量的转化率 = 下单量 ÷ 流量。比如说今天的流量一共是 100 个人，今天店铺有 10 个人下单，那么转化率就是 10%。当然，也有些营销活动获得的是软性回报，如“粉丝”数量增加等，也就是订单、销售、收入以外的回报。我们不否定软性回报带来的价值，它们同样是有益的。但是，如果一个时间密集的营销活动的回报率很低，营销者仍需要考虑一下是否还要花费时间和精力继续开展。

---

① 营销活动中的总收入取决于获客量和成交单价，即每个客人的成交单价之和。如果成交单价是一样的，那么总收入 = 获客量 × 成交单价；如果成交单价有区别，那么每个客人的成交单价相加即可。

任务实施

"全世界最好的工作"营销启示

2009年，澳大利亚昆士兰旅游局在全世界范围内发起了一场申请"全世界最好的工作"的活动，获胜者不仅可以获得一份15万澳元/6个月的高薪工作，还可以享受大堡礁豪华住宿待遇。工作地点是澳大利亚的大堡礁。求职方式是录一段视频发到昆士兰旅游局的邮箱。经过1年的运作，"全世界最好的工作"的受众达到30亿人，几乎占了全球总人口的一半；官方收到来自202个国家（和地区）的近3.5万份申请视频，招聘网站的点击量超过800万次。全球媒体报道带来的广告价值约为2.07亿澳元（约合13.8亿元人民币）。

这次极为成功的策划营销案例的背后推手，是SapientNitro（以下简称Sapient）公司。Sapient公司是澳大利亚昆士兰旅游局的长期合作伙伴，每年都承担许多昆士兰旅游推广项目。2008年初，公司接到推广大堡礁岛屿旅游的项目时，有点为难。大堡礁虽然早在1981年就被列为世界自然遗产，但它周边的岛屿并不出名，对于打算去海岛度假的游客，他们首先想到的不外乎夏威夷、加勒比海、马尔代夫和爱琴海诸岛等。还有一个问题是预算，昆士兰旅游局只给Sapient公司100万澳元的预算。用这么点资金，通过营销手段让大堡礁周围岛屿获得全世界认知，这几乎是不可能的事情。Sapient需要一个能迅速吸引人们注意和打动消费者内心的全新策略方案。

营销项目团队打算从消费者心理入手。全世界的消费者都希望从产品中获得更多的价值，旅行者也是。人们想要得到真正的体验，回去之后能与朋友们分享的体验。他们不仅想要看到风景，更想参与进去，他们想完全把自己沉浸其中。这种对深度体验的要求是现代旅行者内心最真实的诉求。而成为一个当地居民，是体验文化的最好方式。根据这个想法，营销项目团队总结出了一句话的营销策略："感受大堡礁，生活在这里。"经过进一步讨论，团队又引入"工作"这个概念。因为，绝大多数人都要工作，而一个人的工作与他的生活是否幸福密切相关。2009年初，正值金融风暴席卷全球，企业大量裁员、失业率居高不下，人心惶惶。这时，能够拥有一份稳定、高薪的工作，绝对是一件令人羡慕的事情。基于以上两点考虑，团队的想法有了一次飞跃：让人们想象，能生活在大堡礁——不仅仅是旅游，而是拥有一份每小时1 400澳元超高待遇的工作，而且工作环境又惬意，工作内容又轻松，这是"全世界最好的工作"。

招聘的流程很漫长，还有很多环节，这是团队特意设计的，因为这样，世界各大媒体就会有充分的时间持续报道。广告投放也非常简单。他们仅在澳大利亚旅游主要客源国，如美国、欧盟各国、新西兰、新加坡、马来西亚、印度、中国、日本和韩国等，发放一些分类职位广告、职位列表和小型的横幅，引导人们登录网站。另外，团队还利用网络的交互性，如社交网站等，使活动影响力不断延伸。招聘活动结束的当天，昆士兰州州长安娜·布莱由衷地赞叹道：“‘全世界最好的工作’不仅是一段令人赞叹的旅程，也是史上最成功的旅游营销战略！”

想一想：在这个案例中，营销者采用了哪些促销手段和工具？你认为“全世界最好的工作”促销宣传得以成功的关键因素有哪些？

班级＿＿＿＿ 姓名＿＿＿＿ 学号＿＿＿＿ 成绩＿＿＿＿

任务实训

实训主题	乡村旅游资源推介
实训目的	通过实训，学生可以更好地理解促销和促销组合，掌握常用的促销活动手段
实训内容	在老师的指导下，组建乡村旅游目的地旅游资源促销的项目团队，应用所学的有关促销的知识，以班级为单位召开一次旅游推介会，每个团队都要制作宣讲 PPT 和发言稿，并在会上演讲。营销目标是吸引尽量多的同学去小组推介的乡村旅游目的地旅游
实操实训	1. 旅游推介前的准备工作 （1）对推介对象进行调查，了解其旅游消费能力、旅游偏好等旅游需求，针对旅游推介对象的需求确定拟推介的乡村旅游目的地 （2）选择拟推介的乡村旅游目的地，实地考察或网络调研其具体情况 （3）根据调研结果，项目团队进行分工，各自承担撰写推介宣讲稿、准备宣讲演说、制作宣传 PPT，以及准备相关手册、图片等宣传展示资料的工作
	2. 现场进行旅游推介及促销 （1）要求现场推介人员仪表、形象大方，语言、举止得体 （2）推介宣传主题突出，内容翔实，推介方式灵活多样，能充分运用所学的各种推销手段和工具 （3）所推介的旅游产品能引起同学们的兴趣和关注度
	3. 对旅游推介促销项目的完成情况进行点评和总结 （1）每个小组推选 3 组最有吸引力的推介团队，选择 1 ～ 3 项可能会购买的旅游目的地产品 （2）公布推介结果 （3）教师对每个项目团队的表现及推介效果进行现场点评，进行实训总结

班级＿＿＿＿ 姓名＿＿＿＿ 学号＿＿＿＿ 成绩＿＿＿＿

考核评价

知识点和学习评价一览表

序号	知识评价点	自我评价结果			备注
		掌握	基本掌握	未掌握	
1	认识促销				
2	广告促销				
3	销售促进				
4	人员推销				
5	公共关系				
6	促销活动效果的评价				
7	你认为本任务最有价值的内容是什么？对你有什么启发？				

班级 ________ 姓名 ________ 学号 ________ 成绩 ________

任务拓展

数字资源：互动营销，赢得品牌亲和力

项目七 线上营销

项目导读

随着互联网市场的迅速增长，消费者日渐成熟，技术手段不断推陈出新，营销市场不断出现新的变化。而移动互联网时代的旅游营销，该如何突破营销瓶颈，促进旅游产品和服务的销售，提升品牌度和影响力呢？第一是创造有价值的内容，通过内容的创建、发布和传播来建立消费者长期的参与、信任，以及与品牌稳定的关系；第二是以移动终端为主要渠道，通过在线活动创造、宣传、传递客户价值，并且对客户关系进行系统管理，与客户展开深度互动；第三是善用社交媒体，通过社交媒体做好口碑营销、社群互动，通过自媒体分享、扩散影响力。这三个方面就是本项目所要学习的内容。

学习目标

1. 了解线上营销，掌握内容营销、移动营销和社交营销的概念。
2. 理解旅游企业为什么要开展线上营销。
3. 掌握如何撰写旅游营销文章、如何选择不同移动营销平台以及如何建立并运营社群。

思维导图

- 线上营销
  - 精选内容营销
    - 内容营销的概念
    - 内容生产方式和表现形式
    - 内容营销的优势
    - 内容营销在旅游行业中的应用
    - 图文类内容设计
  - 做好移动营销
    - 移动营销的概念和特点
    - 旅游移动营销的重要性
    - 常见的移动营销平台及其营销形式
  - 善用社交营销
    - 社交营销的概念和优势
    - 常用的旅游社交营销形式
    - 社群的概念和分类
    - 社群运营

任务一 精选内容营销

任务准备

一、内容营销的概念

内容营销是指通过讲述品牌故事来建立消费者长期的参与、信任，以及与品牌稳定的关系。内容，指的是可以通过发行、出版用于促进传播策略展开，以文字、图片、声音或影片、多媒体的形式，向受众告知品牌故事，进一步抓住或维持住受众注意力的内容。营销，是指创造、传播、分发和交换那些对客户、消费者、合伙人和社会有价值的内容的活动和过程。简而言之，内容营销要求企业能生产和利用内外部价值内容，吸引特定受众主动关注。

换句话说，内容营销就是针对现阶段或潜在消费者创作和传播具有关联性、价值性的品牌相关内容来建立和发展消费者对品牌的参与、信任以及与品牌的关系。

二、内容生产方式和表现形式

内容生产方式主要包括用户生产内容（User Generated Content，UGC）、专业生产内容（Professional Generated Content，PGC）、职业生产内容（Occupationally Generated Content，OGC）三种类型（见表 7－1）。内容营销可以以不同的生产方式产出内容，进行营销。

表 7－1　内容生产方式

UGC	主要通过激励用户生产内容，形成社区氛围。如大家在微博、抖音等平台上的日常分享内容，都属于 UGC。UGC 内容丰富，很容易吸引用户参与进来，形成氛围，但是内容质量参差不齐
PGC	主要通过专业人士生产内容，供用户浏览。PGC 更专业，内容质量相对有保障，但是数量不够
OGC	主要通过具有一定知识和专业背景的行业人士生产内容，并且这些人士会领取相应的报酬。OGC 内容优质，但无法满足用户个性化需求，丰富性不够

内容表现形式包括图文、音频、视频和直播等（见表 7－2）。不同的内容表现形式有不同的优势，企业可根据自己的营销需求进行选择。

表 7－2　内容表现形式

图文	是当前非常常见的一种形式，由图片和文字组成，微信公众号、微博、小红书、豆瓣、知乎、头条号等新媒体平台都以图文类内容为主，具有创作成本低、受众用户广、传播时效性强等特点
音频	是指通过网络流媒体播放、下载等方式，利用智能手机、车载音响、智能家居等终端收听音频的业务总称，主要包括有声读物、移动电台、语音直播等形式，内容涵盖领域也很广泛，包括人文历史、教育培训、商业财经、有声小说、相声书评等多种类型，具有无限性、成本低、通道优势等特点
视频	是当前非常热门的一种形式，尤其是短视频，一般指时长在 5 分钟以内、以互联网新媒体为传播载体的互联网内容传播模式。其因时长短、内容类型丰富、社交属性强、碎片化等特点快速吸引了大量用户，受到各大平台和企业的青睐
直播	是指利用互联网流媒体技术，在现场将事件的发生发展进程实时拍摄并传递给受众，是本身能够进行双向互动的一种信息发布方式，具有效率高、实时性、互动性强等特点。常见的直播类型有娱乐直播、游戏直播、电商直播、体育直播等

三、内容营销的优势

营销是识别买家、满足需求和获得回报的过程，而内容营销则是铺垫内容，让消费者能够根据设置的内容找到你、信任你，使用内容并为此买单。也就是说，内容营销就是构建内容、传播内容，吸引买家使用内容并消费，从而触发消费者参与，建立消费者与品牌的关系。

（一）触发消费者参与

（1）认知参与：是指消费者与品牌想法和精神细节的内在互动，通常源于消费者的功能性动机和真实性动机。认知参与会促进消费者对于品牌关联的意义建构。

学习微平台

延伸阅读 7-1 内容营销的指导原则

（2）情感参与：是指消费者在参与内容营销互动过程中产生的与品牌关联的情绪。这种情绪可以是正向的、负向的，也可以是混合的。情感参与源自消费者的享乐动机和真实性动机。情感参与会促进消费者对内容营销本身所传递的品牌身份认同的达成。

（3）行为参与：是指消费者对品牌参与所付出的精力、努力和实践，主要源自消费者的功能性动机和享乐动机。行为参与是在认知参与和情感参与的基础上触发而成的，并可能升级为品牌公民化行为。例如传播品牌正向口碑、向其他个体推荐品牌等。

（二）建立消费者与品牌的关系

这包含品牌信誉和品牌责任两个维度。其中，品牌信誉是让消费者意识到品牌是可以信赖的，主要从认知参与的角度强化品牌相关的意义建构。品牌责任是让消费者意识到品牌是在为他们的利益而行动，主要是由情感参与产生的品牌身份认同来进行强化。

四、内容营销在旅游行业中的应用

随着旅游消费的持续升级，消费群体分层加剧，个性深度需求持续增多，在内容上迫切需要创新和突破。一方面，旅游已不再局限于传统的观光游，而是升级为一种生活方式。如新兴的老年旅游、露营旅游、研学旅游、健康旅游、文创商品、邮轮旅游、低空旅游等。另一方面，旅游本身是一个感性的品类，是一种内容化的事物，好的内容可以激起人们心中的激情和对旅游的向往。只有建立起与消费者的情感连接，抽象的品牌或目的地才能在人们心中产生一个具体的形象。这时，内容营销便能够发挥重要作用。内容营销亦是文旅营销的重要组成部分。

旅游内容营销是指在旅游活动过程中，旅游企业或旅游目的地通过讲述品牌故事来建立旅游者长期的参与、信任，以及与品牌稳定的关系。换句话说，旅游内容营销就是针对现阶段或潜在旅游者创作和传播具有关联性、价值性的旅游品牌相关内容来建立和发展旅游者对品牌的参与、信任以及与品牌的关系。

从旅游市场的传播角度看，内容营销通过在品牌与消费者间建立关系的方式，正在迅速地取代传统的广告形式，对旅游业的营销发挥着重要作用。比如，马蜂窝、微信、抖音、小红书、携程等都试图分走旅游业内容营销这个“蛋糕”。以“途牛社区”和“途牛攻略”为例，“途牛社区”采取 UGC 模式，日均活跃用户数超过 50 万人次，内容涵盖图文、视频等多元化形态，用户的真实经验分享、口碑传播造就了社区的超高人气。“途牛攻略”采取 PGC 模式，1 500 万条专业图文攻略覆盖全球超百万热门旅游目的地和景点，可以帮助用户更好地了解目的地以及制订出游计划。同时，途牛旅游网监测数据显示，使用“结伴”功能的旅游者已突破 80 万，并且在持续增长，“80后”“90 后”用户是“拼友”出游的主力军，占比 8 成以上。

从旅游市场的供需角度看，开展旅游内容营销，对促进自助游的快速发展和提升旅行社交体验都有着重要作用。对旅游业而言，随着移动互联网的蓬勃发展，自助游因其更自由灵活、个性化的特点，逐渐成为旅游市场发展的新趋势。对旅游者而言，内容营销可帮助用户进行消费决策，降低旅游信息的获取难度，增强用户黏性。可通过图文分享、直播旅行、结伴出游等方式，形成玩法、游记、榜单、旅图、微视频等多元化内容，从而帮助自助游用户全方位、快速地了解目的地。

五、图文类内容设计

（一）标题拟定

现在信息越来越多，而用户浏览时间有限，浏览主动权已经转移到用户手中，因此，企业如果想让用户看见自己发布的内容，很关键的一点就是要拟定一个吸引人眼球的标题。同样的文章内容，采用不一样的标题，效果可能会完全不一样。

常见的标题拟定方法有以下几种。

1. 数字化

可以将正文中的重要数据或文章的思路结构整合到标题中，一方面可以吸引用户注意力，另一方面可以增强用户的阅读兴趣。比如：

（1）端午小长假走这 3 条小众路线，带你看看不一样的杭州。

（2）机票福利来啦，往返含税济州岛 1 000 元！首尔 1 400 元！

2. 人物化

在互联网这个虚拟世界里，真实人物会给用户带来极强的真实感和信任感。人物可以是专业人士，也可以是名人，通过这种方式让用户产生信赖。比如：

（1）新疆昭苏县副县长贺娇龙：我在昭苏等你。

（2）马可·波罗：我在东方重新找到了仙境。

3. 历程化

比起生硬的说教和理论内容，真实的案例更受用户欢迎。利用一些真实体验或者经历，可以拉近与用户的距离，引起用户的兴趣。比如：

（1）去年我还在办公室里当一颗螺丝钉，现在我成了一名自由旅行博主！

（2）裸辞后的我，在新疆被治愈了！

4. 体验化

体验化语言，能够让用户快速进入营造的场景，更容易产生代入感。这类标题常常使用“激动”“兴奋”“不爽”等情感类词汇以及“读了 N 遍”“强烈推荐”等行为类词汇。比如：

（1）用 3 000 元带你看遍不一样的欧洲！

（2）一段随手一拍的视频，上百万人都看哭了！

5. 情感化

每个人都会产生各种各样的情感，用户往往也会特别关注能引起自己共鸣的话题。因此，在拟定标题时，可以尝试设计情感化标题，也就是能触及用户内心深处的话题，进而促使用户产生好奇心。比如：

（1）一上班就想玩？这是病，得治！

（2）30 年前因为工作你错过了山河大海，现在请把宝贵的时间留给自己！

6. 稀缺化

对于稀缺的商品或者内容，用户往往能更快地做出决策。因此，文章标题可以提示数量有限或者时间紧凑，促使用户点击阅读。比如：

（1）快领！低价机票盲盒今天最后一天！数量有限，领完即止！

（2）“即将消失的美景”，再不去看就来不及了！

7. 热点化

很多平台都有自己的热搜榜，显示着当前人们最关心的话题和事件。如果文章内容与热点话题相关联，就可以在标题中加入热点词汇，增加点击率。比如：

（1）看完亚运会没地方玩？快来收藏这份杭州游玩攻略。

（2）跟着演员的脚步，一起去有风的地方吧！

8. 神秘化

猎奇是人类与生俱来的一种本能，人们天然地会被新鲜事物吸引，对未知的事物总想一探究竟。因此，拟定标题时可以使用“奥秘”“内幕”“机密”等词汇或者是与常规印象完全相反的词汇去引起用户的好奇心。比如：

（1）低价机票、酒店的秘密，原来在这里！

（2）震惊！这座普通的城市里竟然藏有这么大的秘密……

9. 模拟化

模拟化标题的意思是模仿其他平台或应用发送消息，比如手机系统更新、各类 App 推送等，可以增加幽默感。比如：

（1）【有人 @ 你】飞猪送你大礼包啦！

（2）【微信红包】恭喜发财，大吉大利！门票红包请及时查收哦！

（二）正文架构

1. 瀑布式

瀑布式架构就是像瀑布一样，倾泻而下。先在开头直接点明核心要素，接着按照顺序讲述，可以运用于故事型文章，也可以运用于论证型文章。如果是故事型文章，就按照顺序，把故事的起因、经过、结果等环节讲述完整；如果是论证型文章，就先提出论证的中心，然后分几个分论点依次进行论证。比如：

《有一种美，叫呼伦贝尔的夏天》

——满洲里

——金帐汗

——莫日格勒河

——额尔古纳河

——鄂温克驯鹿园

——室韦小镇

——呼伦湖

——黑山头落日与星空

——阿尔山国家森林公园—天池

2. 水泵式

水泵式和瀑布式正好相反，是从下往上，先剖析观点，再提炼核心。开头可以由某个现象引出话题，通过层层递进的阐述，带领用户找到答案，点明主题。或者开头抛出一个令人惊讶的话题，制造悬念，引起用户的好奇心，再在正文里一步步地进行解答。比如：

《神农架的深处是否真的住着野人？科学家这样说》

—— 20 世纪 50 年代的野人事件

—— 20 世纪 70 年代的目击者证言

—— 2000 年大型野外科考

——专家结论

——开放性假设

3. 沙漏式

沙漏式架构指的是文章首尾呼应，是瀑布式和水泵式的结合。开头提出核心观点，中间讲述故事或论点，结尾再次强调或升华观点。目的是让用户通过反复看到观点而对此形成深刻印象。

《比腾冲古朴，比婺源静谧，一到秋天就美成了童话》

——秋天的贵州，落叶成诗

——望得见山，也看得见水

——喀斯特地貌

——侗族人的风情

——秋天的贵州，山水美如画，值得一去

4. 盘点式

盘点式架构是由多个小标题整合而成的，多用于功能性的文案，省去用户“找素材、做总结”的步骤。此类文章主要以表达清晰准确为目标，不讲究文辞优美，最关键的是要对核心观点进行突出强化。比如：

《盘点国内最美的 6 条自驾线路》

——线路一：国道 318

——线路二：国道 315

——线路三：帕米尔环线

——线路四：独库公路

——线路五：南太行

——线路六：中越边境公路

（三）图文排版

1. 文字排版

（1）字体。创作者需要考虑文章的投放平台、目标用户特点、字体可读性等方面，选择合适的字体。并且，在同一篇文章中，字体类型尽量控制在 3 种以内，宜少不宜多，例如 Arial、微软雅黑等都是常用的字体。

（2）字号。通常来说，文章一般使用小三号字，用户看起来会比较轻松，如若太小或太大，都会影响用户的阅读体验。当然，创作者要根据具体情况灵活变通。

（3）颜色。在排版时，创作者要考虑文字颜色与背景或图片颜色是否协调。大多数文章采用白色作为背景颜色，这时候文字选用灰色或者深色都可以营造出良好的阅读氛围。避免选择饱和度过高或过低的颜色，防止出现用户看不清楚的情况。

（4）行间距。行间距是指行与行之间的距离。合适的行间距可以大大提高用户的阅读速度。在手机上浏览文章时，行间距一般为 1.5 或者 1.75 最合适，太窄或太宽都会造成不好的阅读体验。

（5）段间距。段间距是指段落之间的距离，合适的段间距能够让用户自然地区分段落，减轻长时间阅读的疲惫感。若文章使用小三号字体，段间距一般为 1 行。

2. 图片排版

（1）尺寸和像素。文章图片可以选择横版、竖版或者正方形，根据图片的重点进行裁剪。若文章发布在微信公众号中，还需要额外注意封面的尺寸。微信公众号封面分为一级封面和二级封面，一级封面尺寸为 900px × 383px，二级封面为 200px × 200px。选择照片时，除了要注意尺寸和像素外，还需要尽可能选择有意思、能吸引用户的图片。

（2）颜色。与文字排版一样，图片的颜色也要注意是否与背景颜色相协调，切记同一页面中不要同时出现过多的颜色，以免导致不好的阅读体验。

（3）图文组合。图片和文字相组合时，要注意既能突出图片所要表达的内容，也能突出文字所要表达的内容，可以选择现有的编辑器进行排版，有很多组合模板可供选择。比如排版微信公众号文章时，常用的编辑器有秀米编辑器、135 编辑器、96 编辑器、壹伴助手等。

3. 优化排版

（1）顶部设计。开头是吸引用户注意力非常关键的部分，如果用大量文字填充，容易让用户产生压迫感和厌倦情绪。所以，在开头部分，创作者可以设置一些优美的图片、可以引起用户共鸣的话题或者引导用户关注的内容等，主要是让开场变得有趣，吸引用户持续看下去。

（2）底部引导。在底部，可以设置一些引导内容，比如点赞、评论、转发、关注、引导阅读相关文章、引导点击购买链接等。

（3）突出强调。随着生活节奏越来越快，很多用户都已经没有时间或耐心阅读完一整篇文章了，因此，在排版过程中一定要通过变色、加粗、特别样式等方式，让用户快速抓到重点，知道这篇文章在表达什么内容。

（4）避免过度排版。排版固然重要，但它终究只是提高文章阅读量的一种辅助手段。因此，千万不要把重点放在排版上，而忽略了文章内容本身的质量，这就与创作的初衷背道而驰了。常见的过度排版有动态背景、颜色过多、风格不定、样式繁杂等。

任务实施

“标题党”应守住道德底线

近年来，随着新媒体的发展，媒体间的竞争日渐加剧，特别是一些商业网站、微信公众号为了吸引受众的眼球，争抢“第一看点”，追求“爆炸效应”，置新闻内容的基本事实于不顾，为达到增加点击量的目的，在新闻标题上挖空心思，以致出现了一些耸人听闻或者媚俗、低俗、庸俗的“标题党”。在激烈的新媒体竞争中，用标题吸引眼球固然可以，但不能不讲道德底线，更不能一味地为了追求点击率而对公众和社会造成损害。

在首都互联网协会新闻评议专业委员会会议上，北京市网信办网管处梳理了北京属地重要商业网站存在的六个“标题党”乱象：“正题歪做，违反正确导向”“侮辱调侃，突破道德底线”“无中生有，违背真实原则”“断章取义，歪曲炒作报道”“夸大事实，引发社会恐慌”“不雅低俗，败坏社会风俗”。

想一想：

1. 请在线上搜索几篇旅游相关的营销文章，分析探讨其标题是否合理。

2. 思考营销人员在进行内容创作和推广时，需要注意哪些方面。

班级 ________ 姓名 ________ 学号 ________ 成绩 ________

任务实训

实训主题	创作微信公众号图文并进行推送
实训目的	通过实训，学生更好地掌握图文内容的设计方法，能够创作一篇完整的微信公众号图文内容
实训内容	确定图文内容主题，撰写图文标题和正文内容，最后完成推送
实操实训	1. 推文主题：自由选定一个与旅游相关的主题
	2. 图文标题：撰写图文推送的标题
	3. 图文正文内容：撰写图文推送的正文内容，包括整体架构、开头设计、结尾思维，并最终完成一篇完整的图文推送内容的创作
	4. 图文推送：对撰写好的图文进行排版和推送，并查看用户的反馈

班级______ 姓名______ 学号______ 成绩______

考核评价

知识点和学习评价一览表

序号	知识评价点	自我评价结果			备注
		掌握	基本掌握	未掌握	
1	内容营销的概念				
2	内容生产方式和表现形式				
3	内容营销的优势				
4	内容营销在旅游行业中的应用				
5	图文类内容设计				
6	你认为本任务最有价值的内容是什么？对你有什么启发？				

任务拓展

数字资源：内容营销经典案例

班级________

姓名________

学号________

成绩________

任务二 做好移动营销

任务准备

一、移动营销的概念和特点

移动营销指以移动终端（手机、平板电脑）为主要渠道，在移动网络环境下向目标受众定向和精确地传递个性化营销信息，通过与消费者互动，达到市场营销目标的行为。这一营销方式的独特之处在于当任何潜在客户产生需求时，他们都能够找到你或者了解你的产品信息。

移动营销具有以下几个特点。

（一）个性化

手机具有很强的私人属性，因而是具有一定指向性的沟通工具，也是一种具有个性的科技产品。比如，手机里面的定位信息、通信录好友、日程表、浏览记录、图像资源以及下载的各种娱乐方式等，都具有鲜明的个性特征。

（二）精准化

人们的社交和功能需求不同，选择的运营商、手机品牌和款式也不同。而客户使用手机的行为包含了大量信息。比如，可以利用手机的类型对客户进行分类，也可以从客户对运营商的选择中挖掘分类信息。作为营销人员，我们可以充分利用这些信息来了解目标客户的人口统计特征和心理偏好，从而设计合适的营销方案。

（三）实时化

为了及时获取信息，人们总是随身携带手机。这就使得移动营销具有实时化和及时性的特征，尤其适合具有时效性的产品和服务的营销。手机的移动特性使潜在目标客户无论在何地都可以及时反应，快速采取行动。

（四）智能化、互动化

一方面，通过移动营销活动可以获取客户数据，对客户进行相关营销信息的推送，精准地预测某一客户的沟通偏好，从而更快、更有效地设计出适合客户的沟通方案；另一方面，移动营销能够将营销信息变得更有交互性，更有利于及时反馈和沟通。

（五）便携性、持续性

在手机普及之前，大多数的直接营销都需要具体的地点，营销者通过地址和电话号码与特定的潜在客户群联系。随着手机的普及，每个手机号码的背后都是具体的客户，营销者可以在任意时间精确地向目标客户传递营销信息。这就意味着营销者有更多的机会联系目标客户，为目标客户提供耐用、便携的营销信息；同时也降低了营销信息损失的风险，从而可以将设法触达客户的精力转移到设计更有力的营销方案上。

二、旅游移动营销的重要性

随着移动互联网的迅猛发展，互联网成为旅游市场越来越重要的影响因素。旅行从根本上说就是移动应用的体验，这既体现在感官体验上，也体现在人们获得信息的方式上。调研数据显示，自主旅游时代，移动端用户结构发生了变化，用户预订行为也发生了改变，预订目的地服务的需求越来越个性化。旅游企业花费了大量精力和财力来应对移动大潮，尤其是机票、酒店等比价搜索引擎。并且，它们仍在竭力迎合移动消费者的特定需求。对旅游者来说，他们越来越希望在几分钟或几小时内完成购买，他们也习惯在手机端完成一次旅游消费的完整闭环，涵盖从灵感启发、信息浏览、行程规划、预订完成到出游分享的全过程。

结合此背景及移动营销的定义，我们将旅游移动营销定义为，以移动终端（手机、平板电脑）为主要渠道，在移动网络环境下向旅游者及潜在旅游者定向和精确地传递个性化营销信息，形成互动，达到市场营销目标的行为。

旅游企业开展移动营销对行业发展有着非常大的帮助。

（一）更精准的旅游行业受众人群

为了给旅游者提供不受时空约束的移动化旅游服务，旅游行业需充分利用移动广告技术，精准地找到受众人群，对其进行营销。例如，通过点媒 DSP 平台可以定制城市或景区 LBS、H5 等与游客接触与互动，促使游客主动分享旅行体验。然而，这些定制化服务的前提是，我们需要找到精准的旅游行业受众人群。因而，通过精准广告来进行目标人群的覆盖是非常重要的。对此，移动 DSP（移动需求方平台）通过数据中心分析每个用户的 IDFA（广告客户标识符），描摹出每个用户的行为属性，从而通过人群属性（年龄、性别等）、行为偏好（App 的使用）等标签进行人群归类，把有旅游需求的用户确定为目标人群，对这部分人群进行旅游广告投放，实现精准广告营销。

（二）更具特色的旅游目的地产品

旅游目的地的景点具有明显的本地化特征，这种本地化特征与 LBS 地域定向相契合。一方面，它能够将用户和景区直接联系起来，不仅可以对区域内的游客进行旅游活动的精准本地化营销，还可以利用移动 DSP 的即时信息定向功能，以及 LBS 技术对当前处于区域内的人群定向，也可以对从外地来到当前区域的游客进行相应的旅游营销活动。另一方面，它能够进一步挖掘本地的地方特色，更好地结合旅游文化和地方文化进行移动营销，不仅可以发挥出 LBS 的本地特色，也让移动营销更具有地方特色。

（三）更便捷的消费渠道

学习微平台

延伸阅读 7-2
随着移动互联网以及大数据营销的崛起，营销行业迎来了哪些新机会？

在线旅行社发展迅猛，但是旅游最终还是要落地到线下，因此在将线上的旅行行为和线下的旅游行为相融合时，不仅要方便游客出行，也要提升营销效果，满足旅游行业各参与方的营销诉求。通过移动 DSP 和 LBS 技术的结合，将吃、住、行、游、购、娱一键打通，尤其是在国庆节、中秋节等国家法定节假日，即时的信息推送能为游客带来极大的方便。比如，当某游客到某一景点游玩时，移动 DSP 通过实时动态人群定向，把景区附近的餐厅、酒店、商城等信息推送给游客，把游客从线上引入线下，使游客能够通过便捷的渠道完成购买。可见，移动营销为旅游业上下游企业提供了新的营销思路和渠道，并切实有效地促进了营销的转化。

三、常见的移动营销平台及其营销形式

智能手机已经成为人们生活中不可或缺的一部分，智能手机里的各种 App 也层出不穷，如社交软件、购物软件、娱乐软件、视频软件、生活服务软件等，它们已经成为人们生活中很重要的一部分，人们几乎每天都会使用这些软件。对于旅游企业来说，它们也是接触用户最快速、直接的渠道。接下来，简单介绍一下几个常见的移动营销平台。

（一）微信

微信是腾讯公司于 2011 年 1 月 21 日推出的一个为智能终端提供即时通信服务的免费应用程序，由腾讯广州研发中心产品团队打造。截至 2023 年 9 月，微信的全球用户数已经超过了 14 亿，用户覆盖 200 多个国家和地区。微信支持跨通信运营商、跨操作系统平台通过网络快速发送语音短信、视频、图片和文字，同时，微信还提供了公众平台、朋友圈等功能。

1. 微信公众平台

微信公众平台主要有四种类型，见表 7－3。

表 7－3　微信公众平台类型

企业微信	是腾讯微信团队打造的企业通信与办公工具，具有与微信一致的沟通体验、丰富的 OA 应用和连接微信生态的能力，可帮助企业连接内部、连接生态伙伴、连接消费者。成员必须先通过身份验证，才能使用企业微信。其特点是专业协作、安全管理
服务号	是企业为外部用户提供服务的工具，其被定义为“为企业和组织提供更强大的业务服务与用户管理能力的微信公众号”。服务号的主要使用者是媒体、企业、政府或者其他组织
订阅号	服务范围比较广泛，所有人都可以申请创建订阅号。在这几种微信公众号类型中，订阅号的创建门槛是最低的，运营也是最为简单的，对技术的要求较低。订阅号的适用范围十分广泛，企业可以通过申请订阅号来进行企业宣传；个人也可以申请订阅号用于抒发情感或分享日常生活

续表

小程序	是一种不需要下载安装即可使用的应用。虽然 App 功能更全面更强大，但小程序也有很多自己的优点。比如小程序只需在微信中搜索就可以立即使用，无须下载安装，占用的空间也可以忽略不计。从成本角度来说，微信小程序是基于腾讯的小程序开发框架进行开发的，一次开发就可以自动适配所有手机，开发成本相对较低。从推广角度来说，基于微信十几亿用户，再加上微信朋友圈、微信公众号引流，推广难度会小很多

在选择公众平台的时候要结合实际需求和每种公众平台类型自身的特点，不同的公众平台适用于实现不同的目标，二者相匹配才能达到良好的效果。订阅号主要用于为用户传达资讯（类似报纸杂志），认证前后都是每天只可以群发一条消息；服务号主要用于服务交互（类似银行、114 号码查询电话，提供服务查询），认证前后都是每个月可群发 4 条消息；企业微信是一款面向企业级市场的产品，是一个独立的基础办公沟通工具，拥有最基础和最实用的功能服务（适用于企业、政府、事业单位或其他组织）；小程序是一种新的开放能力，开发者可以快速开发一个小程序，它可以在微信内被便捷地获取和传播，同时拥有出色的使用体验。简单来说，如果想简单地发送消息，达到宣传效果，建议选择订阅号；如果想用公众号获得更多的功能，例如开通微信支付，建议选择服务号；如果想用来管理内部企业员工、团队，可申请企业微信。

旅游企业可以利用微信公众平台进行线上营销，包括景区介绍、新闻资讯、地图导航、门票预订、景点讲解、在线互动、景区咨询等方面。在景区介绍方面，可以用图片、文字、视频相结合的方式，介绍景区概况及环境，优美的景色让游客一目了然。在新闻资讯方面，可以发布景区相关的最新政策、景区活动、动态、服务、攻略等信息，提升景区的品牌形象。在地图导航方面，可以以游客所在位置为出发点，提供最优驾车路线，方便游客快速到达景区。在门票预订方面，更人性化地满足游客需求，帮助游客解决排队拥挤的购票烦恼，实现在线购票、在线支付，有效降低旅游的时间成本。在景点讲解方面，可以用多媒体语音、视频的形式展现，金牌导游在线讲解景点，让游客提前了解景区，为出行提供参考。在在线互动方面，多种多样的在线互动可以有效增强游客黏性，促进品牌宣传。比如：限时抢购、团体折扣票、优惠套餐推荐等。在景区咨询方面，可以提供一键拨号、在线留言、游客调查问卷等功能，加强旅游景区和游客之间的互动与交流。

2. 微信朋友圈

朋友圈是微信的一个社交功能，用户可以通过朋友圈发表文字、图片和视频，同时可将其他软件中的文章或者音乐分享到朋友圈。用户也可以对好友发布的朋友圈内容进行“评论”或“赞”，互相交流。因此，很多企业也通过朋友圈进行营销。朋友圈的广告包括两种形式，一种是微信用户个人账号分享的微信朋友圈，比如代购、销售等；另一种是广告主在微信朋友圈投放的广告，这种形式以视频广告为主，可以直接点击查看详情。

微信朋友圈广告是基于微信生态体系，以类似普通用户的原创内容形式在用户的微信朋友圈进行展示的原生广告。通过整合亿级优质用户流量，利用专业数据处理算法，朋友圈广告为广告主提供了一个国内独一无二的互联网社交推广营销平台。朋友圈广告当前已开放 36 个一级行业类目，只要符合朋友圈广告准入行业要求，即可投放朋友圈广告。但要特别注意，在发布微信朋友圈广告时要审核广告素材、外层文案、外层图片、推广页等，只有通过审核的广告才会被发布在微信朋友圈中。

朋友圈广告形式多样，包括常规式广告、组合式卡片广告、全幅广告、全景广告、滑动广告、长按广告、轮播广告、摇动广告以及 IP 互动广告等。常规式广告是以朋友圈原生样式投放广告，支持单图、多图或视频，采用与用户朋友圈信息流完全一致的经典样式，简洁明了。组合式卡片广告由多种组件自由组合而成，可以提升广告灵活度，更加精准地吸引感兴趣的用户。它包括行动按钮、标签、卖点图等多种基础组件，可灵活组合，还包括倒计时、直播内容轮播等行业组件，适配各种行业性推广。全幅广告采用更大的视觉尺寸，全幅式卡片广告跳转至首页是全屏视频的原生推广页，给用户带来更好的沉浸式体验。全景广告带给用户 360° 沉浸式体验，全方位展现推广产品。它对互动形式进行了创新，用户转动手机，可以 360° 了解产品。滑动广告设计了“滑动”小互动功能，结合品牌的创意，可以给用户带来全新奇趣的视频体验，用户可以参与其中成为品牌创意的一分子。长按广告设计了全新的“长按”互动功能和朋友圈的氛围动效，可贴合品牌故事设置长按互动，让用户在长按时，亲手发现品牌彩蛋惊喜，触发视频隐藏情节。轮播广告以轮播橱窗的形式展示素材，清晰流畅。外层展示 3 ～ 6 张素材，可左右滑动，点击后可跳转到对应页面，全方位展示商品。摇动广告使用摇动手机的互动方式，结合抽卡玩法，帮助广告主分发多种物料，用户随机领取。用户可重复摇动，体验多重惊喜，也可以将好运分享给朋友，强化社交互动能力。IP 互动广告突破边界限制，让 IP 形象“动”起来，使品牌表现力更强、更吸睛。

朋友圈广告形式多种多样，价格也是根据情况而定。朋友圈广告支持曝光排期和曝光竞价两种购买方式，按千次曝光收费，按核心、重点、其他城市 3 类地域进行阶梯定价。曝光排期单次广告投放预算 5 万元起，曝光竞价每日广告预算最低 50 元。

除了形式和购买方式多样以外，微信朋友圈广告还支持定向推送，可以根据企业自己的需求按照地域、性别、年龄、学历状况、兴趣行为、手机属性（如品牌型号、手机系统以及互联网环境）等属性进行定向投放。

（二）微博

新浪微博，是一个基于用户关系的社交媒体平台，用户可以通过 PC、手机等多种移动终端接入，以文字、图片、视频等多媒体形式，实现信息的即时分享、传播互动。微博基于公开平台架构，使用户能够公开实时发表内容，通过裂变式传播，让用户与他人互动并与世界紧密相连。作为继门户、搜索之后的互联网新入口，微博改变了信息传播的方式，实现了信息的即时分享。

1. 微博的特点

（1）用户数量大。

根据微博 2023 年第三季度财报，截至 2023 年 9 月，微博的月活跃用户数达到

6.05 亿，同比净增约 2 100 万用户，移动端用户占月活跃用户数的 95%；日均活跃用户数为 2.6 亿，同比净增约 800 万用户。根据第 52 次《中国互联网络发展状况统计报告》，截至 2023 年 6 月，我国网民规模为 10.79 亿，其中手机网民规模 10.76 亿。从这个数据里我们可以看出，微博月活用户超过中国网民规模的一半，可见其用户数量庞大，并且微博用户较年轻化，“90 后”和“00 后”占比接近 80%。

（2）内容形式多。

微博内容形式非常丰富，目前包括文字、图片、视频、直播等。这些形式会随着技术和需求的变化而变化，比如早期微博发送字数有限制，2016 年 11 月，微博正式面向全体用户取消了 140 个字的字数限制，最高可输入 2 000 字。随着短视频的兴起，微博也开始发展视频号。据统计，微博视频号开通规模已突破 2 500 万。其中，粉丝数超千万的视频号有 1 500 个，粉丝数超百万的视频号有 3.6 万个，粉丝数超 10 万的视频号有 15 万个。共有超过 1.8 万条视频登上微博热搜榜，视频类热搜约占整体热搜的 48%。

（3）内容领域广。

微博的内容涉及范围非常广泛。从热搜榜可以看出，生活中的方方面面都可以成为微博热门话题，如亚运会、高考、七夕、跨年、国际形势等，各种热门话题都会引发微博用户的广泛关注、追踪、讨论，凸显出微博强大的公共讨论属性。

（4）传播时效高。

微博在不同终端都推出了客户端，如手机、计算机、平板电脑等，使得大量的用户可以通过便捷的终端来即时发布、获取信息。微博热搜榜每分钟更新一次，可谓是热点新闻的集中地。正是由于微博迅速、便捷的特点，很多热点事件都在微博首发。

（5）交互性极强。

相比于其他社交平台，比如微信、抖音、小红书等，微博平台的功能设定更利于用户之间的交流。比如用户可以随意评论、分享、转发内容，并且这些操作都可以被所有用户看见和反馈，用户还可以对其他人的评论和转发进一步进行评论、转发和点赞，形成了极强的交流属性。微博的分享特质可以很轻易地实现内容、信息的“一传十，十传百”，利用病毒传播的方式将信息迅速地在人群中传播开来。

2. 微博营销

微博营销是指企业以微博作为营销平台，利用自身创建的微博账号或联合其他的微博账号，设计与网友的互动博文，让网友主动关注、评论、转发，参与企业的营销活动，从而达到营销的目的。微博营销的内容主要包括传递产品信息、进行营销互动、进行用户服务、进行舆论监测和进行危机公关。

由于微博的特点，在进行微博营销时，可以选择与微博 KOL（关键意见领袖）合作或者“蹭”微博热点，这样能在短时间内快速增加曝光量、粉丝数和关注度。同时，在微博上开展活动也是常用的一种营销手段，比如抽奖等活动，可以在短时间内吸引众多用户参与。

2018 年国庆节前，支付宝官微发了一条寻找“中国锦鲤”的微博，称在十一黄金周，将随机抽取出境游的用户免单，并在 10 月 7 日抽取转发这条微博的一名粉丝为

“中国锦鲤”，送上来自各大品牌的大礼包。结果不到六小时该微博转发量破百万，周累计转发破三百万，成为企业营销史上最快达成百万级转发量的案例。支付宝利用微博平台的特点，快速扩大影响力。首先是大量品牌和商家及时参与，在评论区给出了自己的“礼物”，并表达了对“锦鲤”的宠爱和尊敬。接着，支付宝进一步强化“锦鲤”的概念，让“三百万分之一的概率”成为微博的热门话题点，这样就有更多的用户参与进来。最后，由获奖者本人发布微博，加上知名人士的二次传播，更进一步引导用户关注支付宝。

除了抽奖活动以外，微博还有其他营销形式，比如新浪曾经为浙江安吉凯蒂猫家园做过营销活动，拍摄视频《陪伴是最好的礼物》并投放到社交媒体上，采用微博精准广告的形式大范围地触达亲子群体，最后数据非常可观，话题阅读量达 1.1 亿，视频播放量达到 457 万，百度指数也有很好的变化和表现。

（三）抖音

抖音隶属于北京字节跳动科技有限公司，是一款于 2016 年 9 月上线的音乐创意短视频社交软件。用户可以通过抖音分享自己的生活，让其他用户看到，同时也可以看到其他用户的作品。

在抖音上，用户可以选择歌曲，配以短视频，形成自己的作品，还可以通过视频拍摄快慢、视频编辑、特效等技术让视频更具创造性。截至 2023 年 5 月，抖音月活跃用户量已破 7 亿、月人均使用时长达到 36.6 小时，并且视频搜索月活用户超 5.5 亿，日均视频搜索量已突破 4 亿。抖音已经成为用户记录分享生活的重要平台。

抖音具有易操作、活跃度高、个性化推送、参与性强、自我展示性强等特点。抖音的默认打开方式是进入“推荐”页面，用户只需用手指轻轻一划，就可以播放下一条视频，再加上短视频的全屏播放，降低了用户注意力被打断的概率，给用户带来沉浸式娱乐体验。抖音还会定期推出视频标签，引导用户参与同一主题视频的创作。这可以激发用户的创作灵感，也可以大大提高用户的参与感，增强娱乐性。抖音还会收集、整理和分析用户的数据信息，通过智能算法，向用户推送其感兴趣的内容，实现个性化推送，从而引发用户的持续关注，也能够帮助广告主精准地找到目标用户。

1. 短视频营销

短视频是现在非常热门的一个领域，对于没有经验的创作新手来说，要进行短视频营销具体要做到四个方面，分别是团队建立、定位确定、视频制作和精细化运营。

（1）团队建立是基础。

短视频的制作涉及导演、编剧、策划、表演、摄影、剪辑等工作，工作内容很多，但是这并不意味着每个岗位必须配备一名团队成员。其实目前有很多账号都是一人多角，演员同时也负责编导、剪辑等工作。很多拥有上百万粉丝的账号，其核心团队其实就 3 个人。无论配置如何，“网感”和“视频思维”才是关键。能否把握好热门话题，直接关系到所做的短视频能否获得较高的播放量、能否成为“爆款”。

（2）定位确定包括人设定位和内容领域定位。

人设定位关乎用户对你的第一印象，包括人物造型和角色设定两部分。人物造型是相对外在的东西，可以通过发型、服饰、配饰等来进行包装；角色设定则重在呈现人物性格特征，可以通过独特的语调、标志性动作、独创性口头禅等进行塑造。人设不一定是创作者自己的样子，也可以是演绎出来的角色特征。

内容领域定位关系到账号以后的发展空间以及持久性。目前，许多新媒体平台都将内容进行细分，划分为很多垂直领域，比如美食、旅行、搞笑等，以便于用户搜索与分享。旅游企业也可以从中选择，并不一定只发单纯的美景视频，还可以发布当地特色美食、文化普及、旅行攻略等内容。比如成都大熊猫繁育研究基地在抖音上有一个官方账号，目前有四百多万粉丝、六千多万点赞。该账号会日常发布跟熊猫相关的视频，全方位、更系统地展现熊猫的生活，在给人们科普小知识、分享小趣事的同时，也打响了景点的知名度。

（3）视频制作包括脚本撰写、拍摄以及后期三部分。

对于大部分内容来说，脚本撰写是最核心的部分，创作者要了解用户喜欢什么，然后进行前期创作。比如情感共鸣、形式创新或者热点反差往往能吸引用户的眼球。能引起共鸣的内容会让用户产生强烈的情感波动，独特的新颖形式可以博得用户的关注，出其不意的反转剧情也会让用户产生好奇心理，进而一直看下去。脚本撰写完毕后，就进入了拍摄和剪辑环节，创作者可以选用合适的器材并运用一些拍摄技巧，借助镜头来完成情感和想法的表达。后期剪辑可以使逻辑更合理、画面更流畅，从整体上提升短视频的质量，确保给用户带来足够的视觉享受。

在制作视频时要特别注意“开篇 3 秒决定成败 +”法则。由于短视频长度是按照秒计算的，因此真正决定成败的往往就是开头几秒钟。如果作品开头不足以吸引用户，那么用户会选择直接划走，不会看完视频，更别提点赞、评论和转发了。因此，在视频开头，创作者要学习使用“减法”，不要想着把所有内容都展示出去，而要学会删除无用的信息，留下最吸引用户的内容。

（4）精细化运营是指发布视频后，进行一系列操作以增强视频的传播力和影响力。

用于发布视频的账号需要进行“养号”，也就是模仿正常活跃用户的行为，每天“刷刷”其他用户的视频，关注、点赞、评论其他视频等，主要目的是防止被平台判定为机器或者是营销号，从而被限制流量。

除此之外，持续又稳定的内容输出可以获得更多的播放量，有助于涨粉。视频发布的时间可以选择中午 12 点、下午 6 点和晚上 10 点，因为这三个时间段使用短视频平台的用户数量最高，有机会获得更高的流量。

有意识地引导用户评论与互动也可以帮助获取流量。视频发布后，创作者要关注用户的评论，尤其是早期，一定要对每条评论都认真回复，以增强用户黏性。

如果想要快速获得流量，可以考虑使用平台的推广业务，比如抖音的 DOU+。DOU+ 是抖音官方的助推方式，能够带来一定程度上的曝光和流量增长。但是对于运营初期的账号，是否投放 DOU+ 是需要斟酌的。DOU+ 投放对于有一定起量趋势的视频是有助力的，能够为其锦上添花，但对于自然流量很差的视频，助推也很难做到雪中送炭。同时，在投放的过程中，尽量采用“少量多次、小额多投”的原则。少量多次的投放会有更大的概率辐射到不同兴趣领域的人群，收获不同类型的粉丝。

2. 直播营销

网络直播是指用户在手机或计算机上安装直播软件，利用摄像头进行实时拍摄和呈现，其他用户可以在相应的直播平台直接观看和互动。不同于传统的文字、图片、视频等，直播最大的特点就是实时性，能够即时互动。抖音的直播场景丰富，直播内容多元，包括直播带货、游戏、才艺表演、聊天室、户外直播等类型。

短视频更注重结合各类场景（如使用场景、体验场景、情绪场景等）来展示商品的卖点、细节，在强大的公域流量的助推下，短视频带货的曝光价值、推荐价值要大于转换价值。相比于短视频带货，直播带货的互动性更强，商品的卖点、细节在主播专业、细致的讲解下，可以展示得更为详尽，但它更多的是对私域流量的深度挖掘，用户多是基于对主播的信任而购买商品，因而其转化力更强。

可以看出，短视频带货强调的是商品的展示，包括商品的功能、品牌、价格、口碑等。进行短视频带货时，主播需要对短视频内容进行精心的设计，将商品与各类场景相融合，让用户直观地感受商品的特点，这样才能更好地引起用户关注，为后续的交易提供支持。而直播带货除了注重商品的展现，也十分重视人的影响，即主播的知名度、信誉度、影响力等对带货效果的影响，越是知名度高、信誉度高、影响力大的主播，对商品本身的依赖度就越低。因此，商家可以将短视频带货视作直播带货的前台，在实际运用中，通常可以将短视频与直播相结合，其中短视频更多的是承担引流任务，直播则负责促进成交。

学习微平台

延伸阅读 7-3
勿让“刷屏营销”变成朋友圈“病毒”

任务实施

沉浸式旅游产品的移动营销

案例：

大唐不夜城，位于陕西省西安市雁塔区的大雁塔脚下，北起玄奘广场，南至唐城墙遗址公园，东起慈恩东路，西至慈恩西路，街区南北长 2 100 米，东西宽 500 米，总建筑面积为 65 万平方米，是全国唯一以盛唐文化为背景的大型仿唐建筑群步行街，为当地地标性景区。

大唐不夜城以盛唐文化为背景，以唐风元素为主线，建有大雁塔北广场、玄奘广场、贞观广场、创领新时代广场四大广场，西安音乐厅、陕西大剧院、西安美术馆、曲江太平洋电影城等四大文化场馆，大唐佛文化、大唐群英谱、贞观之治、武后行从、开元盛世等五大文化雕塑，形成了“一轴・两市・三核・四区・五内街”的总体布局，全面涵盖唐食荟萃、潮玩文创、沉浸式演艺、综合商业等多种业态，是一种集观光游憩、文化休闲、特色餐饮、购物娱乐等于一体的文旅融合新业态发展模式。

2019 年 4 月 29 日，大唐不夜城步行街被列为全国首批 11 条步行街改造提升试点之一。2020 年 7 月，大唐不夜城步行街入选首批全国示范步行街名单。

想一想：相较于传统旅游营销模式，利用移动营销宣传和推广沉浸式旅游产品有哪些优势？

班级 ________

姓名 ________

学号 ________

成绩 ________

任务实训

实训主题	认识旅游移动营销
实训目的	通过实训，学生更好地学会分析具体某一旅游移动营销方法的优势和劣势
实训内容	以某一旅游景区 / 旅游产品为例，阐述该景区 / 产品可采用哪些移动营销方法，并尝试分析效果如何
实操实训	1. 选择某一旅游景区或旅游产品
	2. 收集该景区或产品在移动平台上开展过的营销活动，包括具体在什么移动平台开展的什么类型的营销活动
	3. 讨论分析在不同平台开展的不同类型的移动营销活动分别有什么样的效果，分别有什么优势和劣势

班级________ 姓名________ 学号________ 成绩________

考核评价

知识点和学习评价一览表

序号	知识评价点	自我评价结果			备注
		掌握	基本掌握	未掌握	
1	移动营销的概念和特点				
2	旅游移动营销的概念				
3	旅游移动营销的重要性				
4	常见的移动营销平台及其营销形式				
5	你认为本任务最有价值的内容是什么？对你有什么启发？				

任务拓展

数字资源：旅游移动营销案例

班级________
姓名________
学号________
成绩________

任务三 善用社交营销

任务准备

一、社交营销的概念和优势

新媒体时代，旅游企业线上营销发生了巨大的变化，营销的具体方式也发生了变革。社交营销正在以参与的模式影响着每一个旅游企业和消费者，其沟通性、差异性、创造性、体验性和关联性逐渐改变着传统单向式的营销。

社交营销指企业借助社交媒体宣传自己的产品，获得新客户，倾听客户的声音，并持续地获得订阅客户与保留老客户。社交营销包括发布文字、图片、视频和其他内容吸引用户参与以及投放付费社交媒体广告等活动，它能够帮助企业促进市场传播，吸引品牌粉丝，推动销售和业绩的增长。在过去的五年中，社交营销的出现与大发展对旅游行业企业产生了一定的影响，社交营销成为一种不可或缺的营销方式。社交营销大大增加了企业公开发布积极资讯和产品信息的可能性。

与搜索引擎、电子邮件等其他网络营销方式相比，社交营销以信任为基础的传播机制以及用户的高主动参与性，更能影响旅游者的消费决策，并且为品牌提供了大量被传播和被放大的机会。社交媒体用户黏性和稳定性较强，定位也比较明确，可以帮助企业及品牌确定更为细分的目标群体。

相比于传统营销方式，社交营销具有独特的优势，包括以下几个方面：（1）能够适应不同旅游企业的不同营销策略；（2）可以有效降低企业的营销成本；（3）可以实现对目标用户的精准营销；（4）可以提高旅游企业和产品品牌知名度，促进与主要受众的交流与互动。以微信社交平台为例，其优势是：可提供较准确的数据资料；用户量非常惊人；信息交流有较强的互动性；可以进行实时在线沟通。

二、常用的旅游社交营销形式

在旅游社交营销过程中，企业可以通过软件的界面功能实现网络上的内容发布、状态回应或信息更新等，具体操作方式有社群组建、即时信息、在线表单、小程序商城、在线推广、软文发布等。

（一）社群组建

当今社会，社群已经成为有紧密关系、有相同兴趣爱好或价值认同感的群体交流的一种重要渠道，其在互联网的支持下实现了远远超越地域限制的连接。社群借助社交工具聚合在一起，共同实现某一特定的目标。新媒体时代，常见的社群类型一般有产品型社群、兴趣型社群、知识型社群、品牌型社群和工具型社群。在旅游营销中前三种社群较为重要，因此要利用好社群平台（如建群宝）。社群可以让人们基于互联网享受到较低的中间成本、找到共同感兴趣的话题，以及进行知识分享。

（二）即时信息

越来越多的消费者希望在平台上得到及时的回复和即时的互动。基于此，以微信群为代表的聊天社交平台的即时信息成为一种有效的客户服务工具。由于这种方式对营销人员及客户服务人员的反应速度要求较高，占用的人工比较多，因此客户服务的成本也较高，但它已经成为一种不可忽视的且十分受欢迎的在线营销工具。

（三）在线表单

很多情况下，旅游企业的合同单可以在线生成，同时完成远程在线电子签名，这类工具（例如麦客 CRM）可以事先设定一些格式化的内容，比如客户姓名、地址、单位、电话、邮箱等。通过在线表单制作，企业可以快速处理客户的标准化需求和个性化需求，而且客户能够快速得到回复，在一定程度上，这也是企业对服务的承诺，是企业服务观念与服务效率的营销。

（四）小程序商城

一般情况下，旅游企业可以做一个扫一扫自助下单的小程序，用户可以通过使用微信 App 的“扫一扫”功能进入企业小程序商城浏览旅游产品并下单购买。所以想要实现客户快速下单，扫一扫自助下单是必不可少的工具，这就需要旅游企业制作自己的小程序商城。

（五）在线推广

在社交营销平台上常常需要进行产品的推广，这就需要利用平台上的一些推广功能，旅游企业不能忽视产品推广的作用，要经常把公众号的产品信息或文章资讯发布到更大的用户群体中，最为有效的小应用就是以微信为代表的摇一摇功能，这种实用又有趣的工具已经受到广大用户的喜爱。使用这一工具推广时，要注意推广内容的创意性和活动的趣味性。

（六）软文发布

旅游企业在社交平台上进行营销时，也常常会用到软文营销工具，有时候能够取得立竿见影的效果。因此，企业要找准合适的目标客户，巧妙地进行软文的创作与发送。文案不能马虎，尽量做到给用户带来既有趣又有用的感觉，最好还要产生一些互动、评论或转发，这样可以增强用户黏性。在软文文案中，除了基础的文字信息外，还可以使用图片、视频、音乐配合文字描述，写作中也可以使用一些修辞手法，比如夸张、比喻、排比等。

学习微平台

延伸阅读 7-4
旅游企业社交营销的评价性指标

三、社群的概念和分类

我们可以简单地认为社群就是一个群体——一个基于共同需求、共同爱好而聚集到一起的群体。社群要有稳定的群体结构和较一致的群体意识，成员要有一致的行为规范、持续的互动关系；成员间要分工协作，具有一致行动的能力。

根据建立社群的主体和目的，大致可以将社群分成三种类型：

第一种是个人构建的兴趣社群。兴趣社群的成员有共同的兴趣和爱好，成员之间会相互交流和探讨。这种社群较为常见，比如母婴社群、车友会、驴友社群、骑行社群等。这类社群的活跃度往往比较高，企业可以结合自己的产品与社群中用户的兴趣爱好开展有针对性的活动，进行精细化营销。

第二种是用户自发建立的社群，成员会自发地一起讨论某一产品或者某一品牌，在社群中交换产品心得。这类社群的成员往往包括很多忠实粉丝，有着很强的能动性和自发性，比如自发建立的粉丝群、新品交流群等。对于企业来说，这类社群不需要过多投入就可以收获较好的营销效果。

第三种是企业主导建立的社群，企业会在日常运营中将自己的用户纳入社群中，并在社群中对用户进行更直接的维护，包括更频繁地进行交流、更直接地回答问题、提供更优惠的销售价格等，比如企业发起的福利群等。

相比于社交营销的其他方式，社群营销可以更好地让企业和用户保持持久的联系。有了社群以后，用户更愿意通过社群来分享、获取信息，传播效果比单独推送某一篇文章要好得多。通过社群，企业与用户之间不再是一次性的交易关系，而是建立了持续的联系，企业可以利用社群跟用户交朋友，进而实现复购和口碑裂变。

学习微平台

延伸阅读 7-5
常见的社群形式

四、社群运营

（一）社群的拉新

1. 邀请亲朋好友入群

邀请自己的亲朋好友入群是最容易实现的，利用自己在实际生活中的人际关系和亲朋好友的人际关系，可以帮助社群持续增加成员。

2. 线上拉新

可以利用网络资源帮助社群增加成员。比如在微博、小红书等平台上寻找与你的社群相匹配的话题，找到共同爱好者，逐个邀请。或者在知乎等问答平台上搜索相关话题，然后结合自己的经验发起问题或者回答他人问题，引导他人入群。又或者在抖音、快手等平台上选择相匹配的领域，进行短视频创作，定期、定量发布相关视频，吸引用户，进而引导用户入群。

3. 线下拉新

线下拉新主要是通过线下面对面的形式邀请用户入群，可以通过线下活动、地摊、传单或者公告栏海报等方式接触用户，利用福利吸引用户进群。线下地点可以选择目标用户常去的地方，以提高拉新效率。

4. 找相似社群合作

加入相似社群，拓展资源。因为相似社群内的用户大都也是你的目标用户，因此，可以跟相似社群合作，互相交换资源。

5. 广告宣传

相比于被动进群的成员，主动进群的成员的价值往往更高。因此，可以通过一定的广告宣传，吸引感兴趣或者有相应需求的用户主动进群。在广告宣传时，可以利用大数据工具，精准了解目标用户画像，选择合适的内容、形式和平台进行广告投放，提高广告精准度和质量。

（二）社群的基础管理

1. 明确社群主题

明确主题，即让社群内的每一个成员知道这个社群是用来做什么的。比如，建群的目的可以是让大家交流、分享新疆旅游的经验；或者是互相监督每日运动；又或者是分享酒店、机票等的最新优惠。总之，社群内的成员需要明确社群的主题，知道这个社群是不是他所需要的，如果对他有帮助，他就不会轻易退群，也就可以保证社群成员的稳定性。

2. 明确组织架构

社群管理会涉及大量的工作，这些工作通常需要由不同的角色来完成，这样更能确定社群管理的效果。社群的类型不同，每个社群的管理工作可能也会有所区别，一般包括用户进群管理、社群纪律管理、福利发放、内容输出等。运营者可以根据社群管理工作的具体内容设置社群管理角色，常见的社群管理角色一般有客服、助理、KOL、群主等。

3. 明确社群规则

制定群规也是基础管理中很重要的一部分，群规可以对社群用户在群内的行为起到规范及指导作用，运营者应该通过群规让用户了解社群禁止及鼓励哪些行为。群规也是运营者在管理社群时必须参照的基本原则，社群管理工作应该在群规的要求下开展。群规包括入群规则、言行规则等，在实际管理过程中要特别注意，要及时告知成员群规，并且严格按照群规执行，不能轻易变更。

（三）提升社群活跃度

光有基础管理还不够，提升成员活跃度才是关键，就是要让用户在社群中获得价值，只有让用户在社群中持续获得价值才能维持其在社群内的活跃度。运营者需要根据用户画像明确用户进群的目的，并在社群运营的过程中不断提供相应的价值。社群中的用户按照活跃情况进行划分，大致可以分为分享型用户、活跃型用户及沉默型用户三类，一个社群的活跃情况和社群中这三类用户的占比情况存在关联。运营者在设计社群的人员架构时，需要对这三类用户的占比进行规划。分享型用户会和运营者共同完成社群内高价值内容的输出工作，提升社群的吸引力。活跃型用户在社群中所占的比例对社群活跃度有很大影响，但并非所有社群都需要大量的活跃型用户。沉默型用户很少参与社群内的交流与连接，但在多数社群中沉默型用户的占比是最高的，而且随着社群存在时间的延长，沉默型用户的占比可能还会提高。社群运营的主要目的就是提高分享型和活跃型用户的占比。

1. 社群分享

社群分享是指分享者向群内成员分享知识或干货，这是提高社群活跃度的一种非常有效的方法。首先，分享者需提前准备好分享内容，所分享的内容不仅本身要对成员有帮助，而且要能够吸引成员参与，最好不要是纯广告等带有强商业目的的内容。其次，运营者需要在旁控场，包括帮助暖场、介绍分享者、鼓励成员互动等，以活跃群内气氛，保证分享顺利进行。

2. 社群讨论

社群讨论是指社群内成员针对某一话题进行讨论，获得高质量的答案和输出。首先，运营者需要组建相关的负责团队，负责社群讨论活动的相关事宜。讨论前的准备工作主要是确定讨论的话题和时间。讨论话题的选择非常重要，如果太过沉重，可能难以活跃气氛；如果太过随便，又可能输出不了高质量的结果。因此，选择一个相对简单、气氛轻松且有讨论空间的话题非常关键。选定话题后需提前在群内进行通知，告知成员讨论话题与时间。其次，在讨论过程中，负责团队需要根据事先准备好的内容进行讨论引导，避免出现不可控的情况。当然，也不可过度死板，还是要根据成员的实际活跃程度进行适当调整。分享结束后，运营者需要对本次讨论进行复盘，分析热烈、成功的原因或者冷清、失败的原因，总结出其中的不足和优势，为下次讨论积累经验。

3. 社群打卡

打卡是提高社群活跃度的一种方式，可以通过奖励、积分等方式，激励成员参与进来。运营者需要设定打卡条件、打卡周期和奖项设置。成员需要完成一定量的任务才可以打卡，比如在一个骑行社群里，每日骑行 5 000 米以上方可打卡。这样一方面可以筛选精准用户，另一方面可以调动成员自主性。设置打卡周期时需要注意时间不宜过长，一般为 7~30 天，太短起不到效果，太长又会降低用户的参与热情。奖项设置是打卡活动中非常重要的一部分，直接影响着群内成员的参与热情。可以设置全勤奖、优秀打卡奖、参与打卡奖等奖项，鼓励用户积极参与。

4. 社群福利

福利，可以是礼品福利，也可以是红包福利。礼品福利可以是物质的，比如一些个性化的定制礼物、产品的周边，或者是一些节日礼品包、年货等；也可以是非物质的，比如积分、荣誉、体验课程等。红包福利就是时不时地给成员发放一些红包，但注意不要毫无目的地发放红包，要选择合适的发放时机，确保起到活跃成员的效果。

（四）组织社群线下活动

除了线上的活动，线下的社群活动更有助于成员互相了解、建立连接，进而产生归属感，增强群内成员的黏性。

线下活动的方式有很多，比如：（1）群内成员生日会。社群在每个月抽出一天的时间，为当月过生日的成员举办一场生日会，既能为成员创造每个月聚集在一起交流的机会，又能让过生日的成员感受到社群的人文关怀。（2）节假日前后的聚会。社群在一些重要的节假日，如中秋节、元旦、元宵节前后，举办一些小规模的聚会，这对于在外工作、不能回家的成员来说，可以增强归属感。（3）同城会。如果社群成员的分布范围较广，可以用同城会的方式让处于同一地区的社群成员进行线下交流，这可以增进同一地区成员之间的交流。（4）社群联合聚会。如果某位社群成员加入了不同的社群，或者本社群的运营者与其他社群的运营者熟识，就可以由他们牵线，联合多个社群举办跨界聚会，互补性的社群可以丰富社群文化，让社群的讨论话题更丰富，同时拓展社群的边界，甚至吸引新的成员加入社群。（5）根据社群主题举办相应的活动，比如徒步爱好群，可以举办徒步活动。

相比于线上活动，策划和组织线下活动会更复杂一些，运营者需要提前联系好人员，准备好活动场地、活动海报、活动物资等，成本相对也会更高，但是取得的效果往往也会比线上活动更好。

（五）社群的数据分析

运营者不仅要跟成员保持密切的联系，还需要定期进行数据分析，以理性客观的态度来运营社群。一个社群的发展通常包括五个阶段，分别是获客期、成长期、成熟期、衰退期和流失期。在不同的阶段，运营者需要关注不同的数据，前三个阶段是上升期，所以尤其关键。

在社群建立初期，也就是获客期，运营者要关注获客率和新增数，也就是着力提高成员的数量和质量。

在第二个阶段，也就是成长期，要关注注册率和留存率，这时候运营者要做的不再是一味地邀请新人入群，而是要将群内成员尽可能地转化为企业的用户，比如关注他们的账号注册情况、退群情况等，及时发现问题并及时解决。

第三个阶段是成熟期，这是社群成员利益价值转化最大的阶段，这时候从总体来看，运营者要关注“转化率”；从单客来看，运营者要关注“复购率”及“单客价值”。第三个阶段越长，说明社群运营效果越显著。

到了第四、第五阶段，社群成员的沉默率开始变高，活跃度变低，流失率变高，转化的利益就会越来越少。

学习微平台

延伸阅读 7-6
旅游景区的
社群营销

任务实施

旅游企业社交营销

当前，各行各业的体验时代已经到来，旅游企业的社交营销应快速转变原有的“观光旅游”思维，通过沟通、欣赏、听音、交流、参与、互动等手段，充分刺激和调动旅游者的触感、情感、动作、想象等，实现情景化、社会化、生活化发展。旅游社交营销是根据游客个性化需求的特点，结合旅游产品、服务的属性（卖点），策划有特定氛围的社交营销，让游客在线参与并获得美好而深刻的体验，满足其社交需求，从而促进旅游产品及服务的销售的一种新型的营销策略。

想一想：在旅游社交营销中，应如何为消费者提供超凡的体验？

班级 ________ 姓名 ________ 学号 ________ 成绩 ________

任务实训

实训主题	建立社群，并进行初期运营
实训目的	通过实训，学生更好地了解社群知识，掌握社群运营的方法
实训内容	根据自己的兴趣或特长建立社群并运营
实操实训	1. 选择社群形式：选择一种社群形式（常见的社群形式有微信群、QQ 群、论坛、百度贴吧等）
	2. 建立社群：根据自己的兴趣或特长，利用现有的资源，建立一个社群
	3. 输出内容：在社群内连续一周输出优质内容，举办至少一次线上活动
	4. 制定线下活动方案：制定一份社群线下活动方案
	5. 复盘总结：复盘社群建立、社群运营过程中的效果，总结经验

班级＿＿＿＿　姓名＿＿＿＿　学号＿＿＿＿　成绩＿＿＿＿

班级________ 姓名________ 学号________ 成绩________

考核评价

知识点和学习评价一览表

序号	知识评价点	自我评价结果			备注
		掌握	基本掌握	未掌握	
1	社交营销的概念和优势				
2	常用的旅游社交营销形式				
3	社群的概念和分类				
4	社群的拉新				
5	社群的基础管理				
6	提升社群活跃度的方法				
7	组织社群线下活动				
8	社群的数据分析				
9	你认为本任务最有价值的内容是什么？对你有什么启发？				

任务拓展

数字资源：旅游社群营销案例

参考文献

［1］屈冠银．市场营销理论与实训教程［M］．3版．北京：机械工业出版社，2019．

［2］小马宋．营销笔记［M］．北京：中信出版社，2022．

［3］菲利普·科特勒，加里·阿姆斯特朗．市场营销原理与实践［M］．楼尊，译．北京：中国人民大学出版社，2020．

［4］沈雪瑞，李天元，曲颖．旅游市场营销［M］．3版．北京：中国人民大学出版社，2022．

［5］菲利普·科特勒，何麻温·卡塔加雅，伊万·塞蒂亚万．营销革命4.0：从传统到数字［M］．王赛，译．北京：机械工业出版社，2018．

［6］阿拉斯泰尔·莫里森．旅游服务业市场营销［M］．李天元，译．北京：中国人民大学出版社，2012．

［7］格林，威廉姆斯．市场营销［M］．李进，译．北京：中国人民大学出版社，1999．

［8］罗伯特·布莱．营销计划全流程执行手册［M］．易文波，译．广州：广东人民出版社，2017．

［9］许义．新旅游：重新理解未来10年的中国旅游［M］．北京：中国旅游出版社，2021．

［10］让·鲍德里亚．消费社会［M］．刘成富，全志钢，译．南京：南京大学出版社，2014．

［11］克里斯托弗·洛夫洛克，约亨·沃茨．服务营销［M］．郭贤达，陆雄文，范秀成，译．北京：中国人民大学出版社，2007．

［12］陈丹红．旅游市场营销学［M］．北京：清华大学出版社，2019．

［13］赵伟丽，陈金．旅游市场营销［M］．2版．长春：东北师范大学出版社，2019．

［14］赖斌，朱婕．旅游市场营销［M］．2版．北京：高等教育出版社，2019．

［15］孙九霞，陈钢华．旅游消费者行为学［M］．2版．大连：东北财经大学出版社，2019．

［16］黄尧．营销策划创意训练教程［M］．2版．北京：电子工业出版社，2015．

［17］韩德琼，杜晨．旅行管家实务［M］．北京：中国人民大学出版社，2021．

[18] 徐郅耘，龙睿．定制旅行服务与技能 [M]．上海：上海交通大学出版社，2020．

[19] 邓德智，景朝霞，刘乃忠．研学旅行课程设计与实施 [M]．北京：高等教育出版社，2021．

[20] 吴颖惠，等．研学旅行学校指导手册 [M]．北京：北京师范大学出版社，2018．

[21] 朱传世．研学旅行设计 [M]．北京：中国发展出版社，2019．

[22] 孙月飞，朱嘉奇，杨卫晶．解码研学旅行 [M]．长沙：湖南教育出版社，2019．

[23] 李岑虎．研学旅行课程设计 [M]．北京：旅游教育出版社，2020．

[24] 李俊，伍欣．旅游新媒体运营 [M]．北京：旅游教育出版社，2022．

[25] 索尼娅·杰斐逊，莎伦·坦顿．内容营销：有价值的内容才是社会化媒体时代网络营销成功的关键 [M]．2 版．耿聃聃，林芳，译．北京：企业管理出版社，2019．

[26] 克鲁姆．移动营销的魔力：让你的客户无处可逃 [M]．唐兴通，刘京雷，苏鹏程，等译．北京：电子工业出版社，2012．

[27] 林海．新媒体营销 [M]．2 版．北京：高等教育出版社，2021．

[28] 李凌宇，李丛伟．新媒体营销 [M]．北京：中国人民大学出版社，2021．

[29] 陈维贤．互联网运营实战：从入门到精通 [M]．北京：电子工业出版社，2019．

[30] 谢佩峰，等．社群营销与运营实战 [M]．武汉：华中科技大学出版社，2019．

[31] 杜鹏，佟玲．新媒体营销：微课版 [M]．北京：人民邮电出版社，2021．

[32] 叶小鱼，勾俊伟．新媒体文案创作与传播 [M]．2 版．北京：人民邮电出版社，2021．

[33] 王红国．定制旅行媒体营销 [M]．北京：旅游教育出版社，2022．

[34] 李东进．新媒体营销与运营 [M]．北京：人民邮电出版社，2022．